GROUP8

De aedibus

Der italienische Architekt und Architekturtheoretiker Aldo Rossi verglich die Architektur mit den Wissenschaften. Wie diese schreite die Architektur voran, indem sie stetig auf bereits Erreichtes aufbaue und sich so weiterentwickele. Diesem wissenschaftlichen Aspekt dient diese Buchreihe. Seit 2000 dokumentiert sie die aktuelle Schweizer Architektur. Die Reihe wird in ihrer Kontinuität gleichsam zu einem Gedächtnis der Architektur, das die Werke dem Vergessen entzieht. Von den mit hohem Qualitätsanspruch ausgewählten Architekturschaffenden werden die wichtigsten Bauten festgehalten, ausführlich dargestellt und dokumentiert. Jeder Band dient auch der Reflexion über den architektonischen Willen, der hinter den Projekten steht. So sind in dieser Reihe mehr oder minder alle in der Schweiz wirkenden Architekturkritikerinnen und Architekturkritiker mit einzelnen oder mehreren Textbeiträgen vertreten.

Der Hauptteil in jedem Band widmet sich dagegen der Welt der Anschauung. So sind jeweils anhand von Bildern und Plänen einige bemerkenswerte Bauten dargestellt, die nicht einer routinierten «Produktion» entsprungen sind. Vielmehr steht hinter jedem Entwurf eine leidenschaftliche Auseinandersetzung mit der Aufgabe und deren Prämissen.

Heinz Wirz
Verleger

De aedibus

The Italian architect and architectural theoretician Aldo Rossi compared architecture to the sciences. Like them, architecture progresses by constantly building upon what has already been achieved and develops further in this way. Since 2000, this series of books has been dedicated to the same academic approach in documenting contemporary Swiss architecture. It therefore becomes a form of architectural memory, ensuring that the architecture is not forgotten. The most important buildings by each of the selected high-quality architects are presented, described in detail and documented. Each volume also serves to reflect upon the architectural motivation behind the projects. By now, more or less every architectural critic working in Switzerland has contributed one or more articles to the series.

However, the core of each book is dedicated to the world of observation. Images and plans present a number of remarkable buildings that are not the result of routine "production". Instead, each design stems from a passionate engagement with the task and its premises.

Heinz Wirz
Publisher

GROUP8

QUART

INTEGRATION DURCH KONTRAST

Christophe Catsaros

Auf group8 hat mich Achim Geissinger aufmerksam gemacht, als er mir im April 2013 vorschlug, für die *Deutsche Bauzeitung* einen Artikel über das Genfer Logistikzentrum des Internationalen Komitees vom Roten Kreuz (IKRK) zu schreiben. Der Erfindungsreichtum und die gewisse Radikalität, die dem Zentrum im Hinblick auf seine Form und Gebäudehülle innewohnen, zeugen von Innovation. Vertraut mit den französischen Trends und im Bewusstsein dessen, dass die formalen Unterschiede zwischen den Gebäuden einer einzigen Strassenfront leicht an Hysterie grenzen können, war ich angenehm überrascht, hier eine echte Bereitschaft zum Experimentieren zu erkennen, die im Einklang steht mit dem Schweizer Bauethos und seiner Neigung zur Nüchternheit.

Das Logistikzentrum des IKRK liegt in einem der wenigen unattraktiven Landstriche rund um Genf: im Industriegebiet von Meyrin-Satigny (ZIMEYSA), in unmittelbarer Nähe des Flughafens. Das Gebäude umfasst die Infrastruktur von Lagerhalle, Verwaltung und Archivierungszentrum. Der Komplex soll in kürzester Zeit in ein Hauptquartier zur Krisenbewältigung umfunktioniert werden können. Die Aufteilung in ein Bürogebäude und ein Logistikzentrum wurde durch eine einheitliche Behandlung des Baus möglich. Überfangen wird er von einem weissen Spannsegel. Der Entwurf verbindet Schlichtheit mit formalem Wagemut. Es sind Anklänge an eine gewisse, stark japanisch geprägte Ökonomie der Mittel erkennbar – aber auch jener wirkungsvolle Sinn für Ausdruckskraft, der das Frühwerk von Herzog & de Meuron charakterisiert. Das Spannsegel profiliert sich als starkes formales Element, ohne sich jedoch der Nutzung willkürlich aufzudrängen. Das Aufeinandertreffen von Form und Funktion erfolgt organisch, und im Zusammenspiel mit einer Reihe von Details, durch die sich das Segel der Nutzung anpassen lässt, bildet die Verkleidung ein Schlüsselelement der Gebäudefunktion.

Das IKRK-Logistikzentrum erlaubt einige wichtige Querverweise: Wenngleich sich die Realisierungen des Büros group8 dank seiner unvergleichlichen persönlichen Handschrift oder aufgrund des jeweiligen Konzepts abheben, erfolgt dennoch weder ein Bruch mit der Umgebung noch mit den Werten der jeweiligen Gesellschaft, die diese erzeugt. Nichts veranschaulicht ihre charakteristische Haltung besser als jene Projekte, deren Integration durch einen Kontrast erzielt wird. Es ist eine Integration, die sich nicht damit begnügt, die Öffnungen aneinanderzureihen, zu verbinden, einen Dialog zu eröffnen; vielmehr bedient sie sich einer ganzen Reihe von Effekten und Attributen, die das Gegenteil, also eine Dissonanz und Ungleichheit, bewirken. Integration ist hier mehr als ein Stilmittel, sie ist vielmehr ein Werkzeug, um komplexe und stimulierende städtische Umgebungen zu erzielen. Sie ist eine Haltung, die im Genfer Kontext, wo das gebaute Umfeld zwar von hoher Qualität, aber allzu normiert ist, auf ein fruchtbares Terrain für Experimente trifft.

Form follows function

Die formale Kühnheit von group8 hebt sich folglich von der übersteigerten baulichen und typologischen Normierung ab, die durch die Vorsicht des Immobilienmarktes bedingt ist. Nur einige ikonische Entwürfe nehmen sich einen gewissen experimentellen Spielraum heraus, doch die Mehrzahl der Neubauten muss sich den Normen und Standards beugen, die wenig Raum für architektonische Innovation lassen.

INTEGRATION BY CONTRAST

Christophe Catsaros

It was Achim Geissinger who introduced me to group8, when in April 2013 he asked me to write an article about the ICRC logistics centre in Geneva for the magazine *Deutsche Bauzeitung*. Inventive and in some ways radical, the centre was innovative in terms of its shape and outer shell. Bearing in mind what prevails in France, where formal variation between buildings on the same street front can verge on hysteria, I was pleasantly surprised to discover a genuine readiness to experiment, and one which matched the Swiss constructive ethos and its taste for sobriety.

The ICRC's logistics centre is situated in one of the few unattractive parts of Geneva, the Meyrin industrial estate near the airport. The programme brings together the infrastructure of a storage centre, an administrative department and an archive centre. The whole thing is designed to be able to be converted in no time at all into a crisis management HQ. The development of an office building and a logistics centre is made possible by the unit processing of the building, which is covered by a stretched white canvas. What group8 offers combines simplicity with formal audacity. One can detect a link with a certain very Japanese optimal use of resources, or with a sense of expressivity not lacking in efficiency, which marks the beginnings of Herzog & de Meuron. The stretched canvas imposes itself as a strong formal element, without arbitrarily leaning on the programme. Form and function meet organically and the cladding is a key element of the building's operation, with a whole host of details that allow the canvas to adjust to the programme.

The ICRC's logistics centre allows us to draw a few broad lines: although group8's projects may stand out for their writing or design effects, they are not at odds with their environment or the values of the society that produces them. Nothing illustrates their position better than some of their projects, where integration is achieved through contrast. Integration that does not simply align, merge and act as a bridge between openings, but uses a whole arsenal of effects and attributes that develop opposition, dissonance and imbalance. More than a stylistic effect, integration would, by contrast, be a means of achieving complex and stimulating urban environments: an attitude that finds in the Geneva context, that of a qualitative but hyper-standardised built environment, a breeding ground for experimentation.

Form follows function

The formal audacity of group8 thus contrasts sharply with the constructive and typological hyper-normativity imposed by the prudence of the real estate market. Only certain iconic projects allow themselves a certain margin for experimentation and most new constructions must comply with norms and standards that leave little room for architectural innovation.

In 2015, group8 confirmed its willingness to step outside the well-trodden paths with the Origami day care centre. The facility, clamped between two office buildings, has been designed as a landscaping intervention on the scale of the neighbourhood. Faced with the overwhelming verticality of the façades, the day care centre rolls out horizontally in a set of undulating strips that break

Im Jahr 2015 hat group8 mit der Kinderkrippe Origami ihre Bereitschaft untermauert, die eingetretenen Pfade zu verlassen. Die Einrichtung, die wie in einen Schraubstock zwischen zwei Bürogebäuden eingezwängt ist, wurde als ein dem Viertel massstäblich angemessener Eingriff in die Landschaft konzipiert. Im Vergleich zu der erdrückenden Vertikalität der Fassaden entfaltet sich das Gebäude horizontal: in einem Spiel von ondulierenden Bändern, die sich vom Boden lösen und dann wieder ganz behutsam zu diesem zurückkehren. Die Nutzungsbereiche der Krippe verteilen sich über die sich abwechselnden Freiflächen und Vollformen. In den Vollformen sind die geschlossenen Innenräume der Krippe untergebracht, während die Freiflächen im Aussenbereich zu finden sind und für das Spielen an der frischen Luft genutzt werden. Der Entwurf ist insofern faszinierend, als er ein komplexes Programm mit zahlreichen Anforderungen in einem streng formalen System unterbringt. Die Verwendung von Holz für die Struktur bleibt verborgen, wodurch hier Gemeinplätze über die vermeintliche Virtuosität des Materials vermieden werden. Man hat das Dach nicht etwa begrünt, um diese Fläche im Umgebungsprofil des Gebäudes hervorzuheben, sondern weil das Dach jener Teil ist, der von den Fenstern der benachbarten Gebäude am besten einsehbar ist. Die Vegetation trägt zum Dialog der Krippe mit ihrer Umwelt bei.

Obwohl sie absolut zeitgemäss ist, erinnert die räumliche Organisation der Krippe dennoch an das strukturalistische Erbe. Herman Hertzberger, der in Genf lehrte, ohne dort jemals irgendetwas gebaut zu haben, hätte sich darin wiedererkannt. Seine Gliederung in Streifen und vor allem seine Art und Weise, den Grundriss in einer sich wiederholenden, vorher festgelegten Struktur unterzubringen, entspringt dem Erbe einer Denkschule, welche die soziale Dimension der Ausstattung in die Form des Gebauten integrieren wollte. Man sieht hier, wie eine Kinderkrippe als egalitärer Kontrapunkt zur hierarchischen, sehr korporativen Welt jener Bauten fungiert, die sie umgeben. group8 scheint sich von der Kühnheit, die ihre ersten realisierten Bauten auszeichnet, nicht abgewandt zu haben.

Eine weitere Kinderkrippe und ein Turm

Anhand der wenige Jahre später entstandenen Kinderkrippe auf dem Campus der EPFL lässt sich ermessen, dass es group8 nicht an einem eindeutigen formalen Stil gelegen ist. Anstatt bewährte Modelle fortzuführen, erarbeiten sie immer wieder neue. Die Unterschiedlichkeit der beiden Krippen zeigt auch, dass die Entwicklung der Form nicht das eigentliche Ziel ist, sondern vielmehr die Auseinandersetzung mit dem Kontext. Die Form dient eher der Integration, als dass sie ein Ausdrucksmittel wäre, das unweigerlich in all ihren Entwürfen durchdekliniert wird.

Das Experimentieren ermöglicht es, die Funktion eines Gebäudes im Hinblick auf seinen Standort zu betrachten und zu organisieren. Im Fall der Krippe auf dem Gelände der EPFL besteht das Strukturprinzip aus übereinander gelagerten rechteckigen Grundplatten unterschiedlicher Grösse. Dadurch, dass die Flächen nicht identisch sind, entstehen Überhänge, zusätzliche Räume, die entweder als Schutzdach fungieren oder auf den einzelnen Etagen Aussenflächen entstehen lassen. Die horizontale Gliederung des Gebäudes verstärkt den Eindruck einer Schichtung autonomer Platten. Während sich im Falle der Kinderkrippe Origami die Funktion einer zuvor festgelegten Form unterordnet, überlagern sich hier die Nutzungsbereiche, ohne zwingend zu versuchen, dem Zuschnitt der darunterliegenden Etage zu entsprechen. Die endgültige Form des Gebäudes leitet sich aus dem Verbund der verschiedenen Nutzungsbereiche ab. Die Gestaltung der Krippe durch Plateaus wird schliesslich durch die Horizontalstruktur der Betonfassaden verstärkt. Hier handelt es sich um ein formales Element

away from the ground and return to it gently. The standard programme of a day care centre finds its place in the alternation between hollow and solid sections. The solid sections provide the covered spaces and interiors of the day care centre, while the hollow parts create open spaces for outdoor play. The proposal is intriguing in that it brings the complexity of a facility with a host of requirements into a strict formal system. The use of wood for the structure remains concealed, avoiding in the project the commonplaces on the alleged virtuosity of the material. While the roof has been covered in vegetation, it is not just to tick a box in the environmental profile of the building, but because the roof is the most visible part from the windows of the adjacent buildings. The vegetation contributes to the dialogue between the day care centre and its environment.

The spatial organisation of the day care centre, while being perfectly in keeping with the times, takes on the structuralist heritage. Herman Hertzberger, who taught in Geneva without ever building anything there, would have recognised himself in it. Its organisation in strips and especially the way it brings the programme into a pre-established repetitive structure is part of the legacy of a school of thought that has sought to integrate the social dimension of the facility into the form of the building. We see here how a day care centre acts as an egalitarian counterpoint to the hierarchical world of the very corporatist buildings that surround it. group8 would seem not to have finished with the irreverence that distinguishes the first office building designs.

The other day care centre and the tower block

A few years later, another day care centre – this time on the EPFL campus – makes it possible to gauge the extent to which group8 is not seeking to develop an unequivocal style in terms of formal language. Rather than continuing with successful formulae, they develop new ones. The difference between the two day care centres also reveals that working on form is not an end in itself, but rather a way of negotiating with the surrounding setting; it is more a tool for integration than a means of expression which they invariably use in all their projects.

Experimentation makes it possible to think and arrange the function of a building in a way specific to the site. In the case of the EPFL day care centre, the structuring principle is that of layered rectangular trays in different sizes. The fact that the trays are uneven generates overflows, residual spaces which sometimes act as a canopy, sometimes create external spaces in the floors.

The horizontal structuring of the building reinforces the impression of a superimposition of independent trays. While for the Origami day care centre the function fits into a pre-established form, here the programmes stack up without necessarily trying to match the template of the lower floor. The final shape of the building results from the assembly of the parts of the programme. The day care centre's organisation in trays is ultimately reinforced by the horizontal structuring of the concrete façades. This time, an element of brutalist language is used, which allows the day care centre to establish a dialogue with the concrete surfaces of Jakob Zweifel's historical building.

des Brutalismus, das zitiert wird und der Krippe erlaubt, in einen Dialog mit den Betonoberflächen des historischen Gebäudes von Jakob Zweifel zu treten.

Der gleiche Rückgriff auf expressiven Beton zeichnet den Turm C1 aus, ein Wohn- und Geschäftsgebäude im neuen Ökoquartier Les Vergers in Meyrin, einige hundert Meter von der Grenze und der Europäischen Organisation für Kernforschung CERN entfernt. Hinter einer strengen, asketischen Fassade, die in unterschiedlich dicke Streifen gegliedert ist, entfaltet sich eine grosse typologische Vielfalt, die unterschiedliche Nutzungen – geschäftlich oder privat –, verschiedene Wohnungstypen (gemeinnütziger Wohnungsbau, Stockwerkeigentum) und vor allem unterschiedliche Raumaufteilungen kombiniert – wobei einige Wohnungen die gesamte Gebäudetiefe einnehmen, andere sich wiederum als Maisonette über zwei Geschosse erstrecken.

Der Grundriss des Gebäudes basiert auf einer Verzerrung des sonst bei Hochhäusern üblichen Rechtecks. Die beiden Langseiten sind konkav und bilden einen stumpfen Winkel aus. Die Seitenteile sind konvex. Diese Verschiebung verleiht dem Gebäude nicht nur seine Fliegenform, sondern erhöht auch die Variationsmöglichkeiten bei der Raumaufteilung der Wohnungen, da der Baukörper im Mittelteil halb so breit ist wie an den Seiten.

Die Abkehr von der Orthogonalität zugunsten einer atypischen Form verstärkt den spezifischen Charakter des Turms C1. Er kommt weder zu überschwänglich noch dynamisch daher und erfüllt seine Rolle als «Brückenkopf» in einer Reihe von Gebäuden am Eingang zum Genfer Ballungsraum. Anstelle der sonst üblichen gesichtslosen Ortseingänge mit undefinierbaren Gewerbeparks und dünn besiedelten Wohngebieten ergibt sich hier durch den Turm C1 ein kontrastreiches Gegenüber von kompaktem Baukörper und bewirtschafteten Feldern. Dieses Aufeinandertreffen verdient die Bezeichnung als dynamische Landschaftskomposition, das heisst als eine Gegenüberstellung kontrastierender Elemente: Die Vertikalität des Gebäudes steht im Gegensatz zur Horizontalität der Felder, die stark ausgeprägte Vollform des Turms im Gegensatz zur weiten Freifläche der landwirtschaftlichen Gebiete.

Wenngleich die Kinderkrippe der EPFL und der Turm C1 gewisse Gemeinsamkeiten aufweisen, insbesondere die horizontale Gliederung der Treppenabsätze, so zeichnen sie sich doch vor allem durch eine bestimmte Disposition aus: Sie interagieren mit ihrem jeweiligen Umfeld. Dieses Umfeld ist im Fall der Krippe hauptsächlich ein gebautes Umfeld, im Fall des Turms indes ein landschaftliches. In beiden Fällen geht es darum, keine gattungsabhängige Architektur zu produzieren, die im Wesentlichen durch den Kontext, in dem sie entsteht, bestimmt wird.

Eine Schultreppe

Wenn die Treppe, die gemeinhin als gemeinschaftlicher Raum verstanden wird, zaghaft in die Bürogebäude zurückkehrt, dann war ihr lange jener kulturelle Status abhandengekommen, der bislang den vertikalen mechanischen Beförderungsmitteln zukam. Schulgebäude, gleich ob Grund- oder weiterführende Schulen, bieten der Architektenschaft auch heute noch die seltene Gelegenheit, sich mit der räumlichen und in gewisser Hinsicht auch sozialen Wirkung grosser Freitreppen zu beschäftigen. Genau das war der Ansatz im Falle der Hochschule für Gesundheit, deren Wettbewerb group8 zuletzt für sich hat entscheiden können. Der öffentliche Charakter der Treppe wird durch ein über die gesamte Länge reichendes Oberlicht betont, durch das reichlich Tageslicht eindringen kann und im Innenraum das Gefühl erweckt, sich draussen zu befinden.

Da die Hochschule in einem Park liegt, findet diese Durchdringung von Innen und Aussen insofern eine Erweiterung, als sich das Gebäude mit dem Freiraum des Parks

The same use of expressive concrete is a feature of the C1 Tower, a residential and commerce building in the new eco-district of Les Vergers in Meyrin, a few hundred metres from the border and CERN. Behind an austere façade, structured in strips of varying thicknesses, there is huge typological diversity that combines different uses, professional or residential, different types of housing (LUP, PPE), and above all varied layouts with some crossing apartments and others as split level.

The plan of the building is based on a distortion of the usual rectangle of tower blocks. The two longest sides are concave, forming an obtuse angle. The lateral sides are convex. In addition to giving the building its bow-tie shape, this bending increases the possibilities of varying the layout of the apartments, as the building is half as wide in the central part as it is on the sides.

The abandonment of orthogonality in favour of an atypical shape reinforces the specific character of the C1 Tower. Both non-exuberant and dynamic, it fulfils its role as the bridgehead of a group of buildings that mark the entrance to the Geneva conurbation. Instead of the usual bland entrances to cities, made up of nondescript business parks and low-density housing complexes, the C1 Tower offers a contrasting counterpart between a compact building and cultivated fields. This comparison deserves to be seen as a dynamic landscape composition, i.e. as an opposition of contrasting elements: the verticality of the building compared to the horizontality of the fields, how very full the tower is compared to the void of the cultivated fields.

While the EPFL day care centre and C1 Tower have certain common signature features, especially the horizontal structuring of the landings, they above all share a certain readiness to interact with their setting. The latter is mainly built in the case of the day care centre and landscaped in the case of the tower block. In both cases, the aim is to produce a non-generic type of architecture, essentially determined by the place in which it is set.

The stairs of a school

The staircase, thought of as a shared space, may be making a tentative return to office buildings, but it has long been banned by the cult of mechanical vertical circulation. Schools, whether elementary or tertiary, are today one of the rare opportunities for architects to work on the spatial, and in some respects, social virtues of the grand open staircase. This is precisely what was envisaged for the University of Health Sciences (HEdS), the most recent competition won by group8. The public character of the staggered staircase will be accentuated by a zenith opening along the entire length, which will flood it with light and transpose the feeling of outdoor space into the interior.

As the school is based in a park, this interpenetration between inside and outside is continued in the way the building fits into the open space of the garden. Instead of a compact volume that would contrast its rigidity with the wooded character of the park, the project proposes an articulated volume that negotiates its integration in a less rigid way. This binary way of making heterogeneous elements work together – the building and the vegetation – also applies to the choice of materials: the ground floor in concrete, the first floor in wood. Wood will be used for its constructive virtues and its ability to give better legibility to the tectonic identity of the building. The structure expresses its composition in the manner of Japanese temples which, as such, are a

zu durchmischen scheint. Anstatt mit einem kompakten Baukörper, der in seiner Strenge dem baumbestandenen Charakter des Parks entgegentritt, wartet der Entwurf mit einem gegliederten Volumen auf, das sich weniger starr in das Gelände integriert. Dieses duale System, das Zusammenwirken heterogener Elemente – Gebautes und Gewachsenes –, greift auch bei der Auswahl der Materialien: Im Erdgeschoss fand Beton, in den Obergeschossen Holz Anwendung. Das Holz kam aufgrund seiner konstruktiven Eigenschaften und seiner Fähigkeit, der tektonischen Identität des Gebäudes eine bessere Lesbarkeit zu verleihen, zum Einsatz. Die Struktur erinnert an japanische Tempel, die allen, die sich darauf einlassen, sie aufmerksam zu betrachten, eine Lehrstunde in Sachen Montage sind.

Die Praxis von group8 basiert auf einer erweiterten Wahrnehmung des Kontextes. Dieser lässt sich nicht allein auf den Ort und die unmittelbare Umgebung eines Gebäudes reduzieren. Vielmehr öffnet sich diese Definition des Begriffs Kontext der gemeinsamen Vorstellungskraft, aus der die Architektur und der gleichermassen wunschhafte Horizont hervorgehen, zu dem sie tendiert.

Ein solcher Kontext, auf den sich das Büro group8 in seinem kreativen Schaffen bezieht, könnte sich aus Referenzen, Darstellungen, Filmsequenzen, alten Bildern von der Stadt und künftigen Projektionen zusammensetzen. Gerade diese Berücksichtigung des wahrgenommenen Kontextes – die Fähigkeit, die künftige Form aus der eklektischen Pluralität der Gegenwart und der Vergangenheit zu extrahieren – weist ihnen ihren Platz in der Genfer Architekturlandschaft zu.

Ganz im Gegensatz zu den architektonischen Praktiken linientreuer Ja-Sager, die sich derart voll und ganz mit den ästhetischen Normen der Stadt identifizieren, dass sie eisern daran festhalten, richtet group8 den Blick nach vorne. Das Büro lässt sich von Einflüssen und Praktiken anderer Orte und Epochen inspirieren. Es legt eine Offenheit an den Tag, die so manche als dem Genfer Geist fremd bezeichnen würden. Und doch setzt sie sich immer mehr als eigentliche Identität der Stadt durch: als Identität einer Grenzmetropole, die in der Lage ist, sich neu zu erfinden, ohne sich selbst zu verraten.

lesson in assembly to anyone who takes the time to observe them carefully. How group8 operates is based on a broad perception of the context: a definition that does not reduce it to the immediate place and environment of a building, but opens to the common imagination from which architecture emerges and the equally imagined horizon towards which it tends.

There is a context consisting of references, representations, film sequences, previous images of the city and future projections, which group8 manages to use in their creative work.

It is the use of this understood context, the ability to extract the form from the eclectic plurality of the present and the past, that gives them their place in the architectural landscape of Geneva.

In sharp contrast to the architectural practices that tend to follow the herd, and which identify with the aesthetic norms of the city to the point of enclosing themselves in them, group8 looks to the horizon. The office draws on influences and practices from other places and other times. It shows an openness that some would describe as foreign to the spirit of Geneva, but which is increasingly establishing itself as the only identity of the city; that of a cross-border metropolis capable of reinventing itself while remaining true to its own nature.

VOLIERE IM NAHERHOLUNGSGEBIET BOIS-DE-LA-BÂTIE, GENF

BOIS-DE-LA-BÂTIE AVIARY, GENEVA

Zu den Schutzmassnahmen gegen Einzug und Ausbreitung der Vogelgrippe gehört, dass Zuchtvögel während der Vogelwanderungszeit unter Quarantäne gestellt werden. In diesem Kontext wurden die beiden neuen Volieren realisiert. Die Bäume, die den Weiher säumen, haben die Grundrissform des Baukörpers bestimmt. Dieser besteht aus einer Betonplatte, die sich 9 Meter über den Erdboden erhebt und ein abstraktes Dach ausbildet, unter dem die Vögel Schutz finden. Die 16 Stützen, die das Dach tragen, wurden den umgebenden Bäumen nachempfunden. Und auch ihre Farbgebung resultiert aus den Farbtönen des Standortes: Diese «Bäume» aus Stahl sind in sechs verschiedenen Grau- und Grünnuancen gehalten. Die freie Form des Baukörpers lässt sich nur schwer fassen und ist, in dem Wunsch, sich in das Umfeld zu integrieren, multifokal ausgerichtet.

«Der Entwurf bietet eine strukturtechnische Lösung, die durch Form und Eingliederung in die Landschaft gleichzeitig ihre Effizienz wie auch ihre evozierte Poesie offenbart. Die natürliche Schlichtheit, die hier zum Ausdruck kommt, resultiert aus einem ausgeklügelten Findungsprozess. Dank einer in Anlehnung an Antoni Gaudí erstellten Modellstudie konnte die perfekte Form des Standseilpolygons mit seinen 16 variierenden ‹Baum›-Stützen, welche die dünne Dachplatte aus Stahlbeton tragen, ermittelt werden. Durch eine Reihe von Versuchen wurde ein fragiles Gleichgewicht zwischen den zahlreichen interagierenden Komponenten erzielt. Die ‹Bäume› leiten so die Last einzig durch den Einsatz zentrierter Druckkräfte auf die Fundamente ab. Die Stützen bestehen aus Stahlrohren. Trotz ihres beliebig erscheinenden Charakters folgen sie einem sehr strengen modularen System, wodurch ihre Herstellung und Montage rationalisiert werden kann. Ein modulares, auf der Einheit von 1 Meter basierendes Raster rhythmisiert den Entwurf, und jeder ‹Baum› fügt sich in ein Quader von 1 mal 3 Metern Grundfläche und 9 Metern Höhe ein. Der einheitliche Durchmesser von 152 Millimetern lässt die Verbindungsstücke geometrisch fest definiert erscheinen und vermeidet so komplexe Überschneidungen. Das Ergebnis sind flüssigere, natürlichere und logischere Formen.» (Gabriele Guscetti)

Measures to prevent the the introduction and spread of avian flu include the quarantining of farmed birds during migration periods and it is in this context that the two new aviaries have been designed. The perimeter of the trees bordering the pond have dictated the plan shape, which is a concrete slab raised 9 m from the ground, forming an abstract roof that shelters the birds. The design of the sixteen pillars supporting it is based on the shape of the surrounding trees. Their colours are also the result of the hues of the place: six different greys and greens shade these steel "trees". The free form is presented as a volume that is difficult to grasp and intended to be used from multiple points of view for the sake of integration into the setting.

"The project provides a structural engineering solution that reveals both its effectiveness and the poetry evoked by its forms and its place in the landscape. The natural simplicity expressed is the result of a sophisticated research process. A model study based on Gaudí's principle made it possible to define the perfect shape of the funicular polygon of the 16 'tree pillars', all different, which support the thin reinforced concrete roof slab. After trial and error, a fragile balance was established between the many interacting components. The 'trees' thus transmit the loads to the foundations using only centred compressive forces. The pillars are made of steel tubes. Despite their seemingly random nature, they are part of a very rigorous modular system that streamlines their manufacture and assembly. A modular grid of 1 m gives rhythm to the project and each tree is part of a rectangular parallelepiped with a 3 m by 3 m base and a height of 9 m. Their constant diameter of 152 mm makes the assemblies geometrically defined, avoiding the complexity of intersections; the result is more fluid, natural and logical shapes for building." (Gabriele Guscetti)

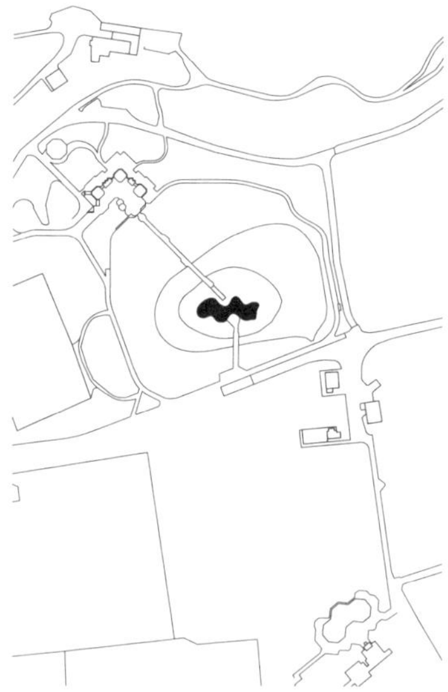

Realisierung: 2008
Entwurf: 2007–2008, Direktauftrag
Bauherrschaft: Stadt Genf
Bauingenieur: Ingeni

Construction: 2008
Project: 2007–2008, direct contract
Client: City of Geneva
Civil engineer: Ingeni

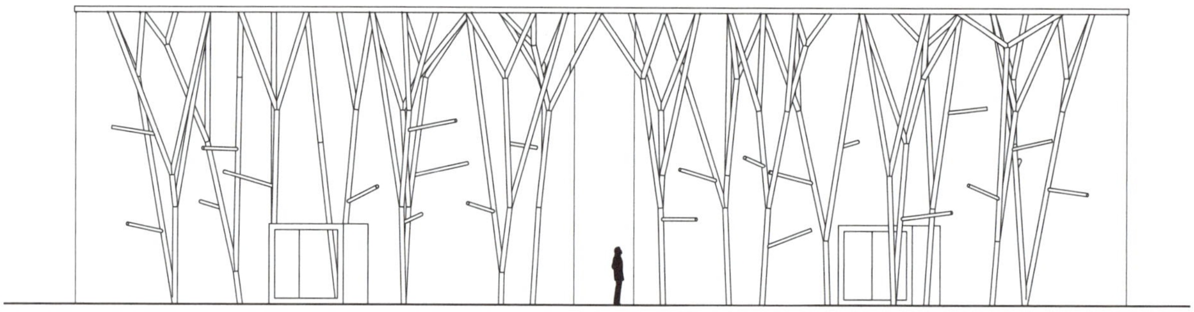

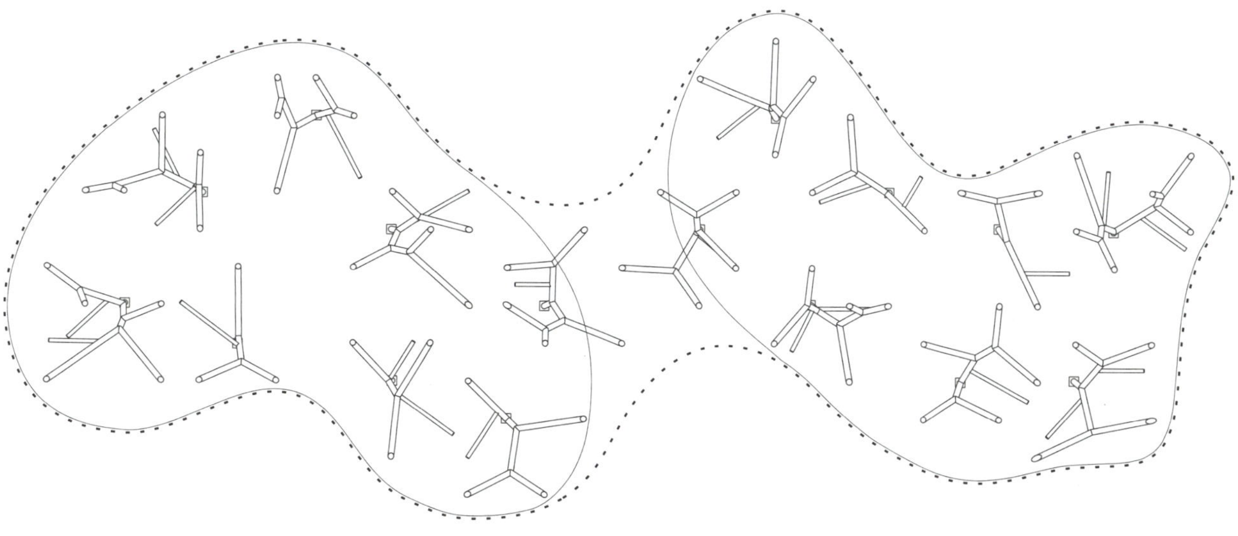

MAISON CORAIL UND RÉSIDENCE BAMBOU, GENF

Die beiden Gebäude bilden mit dem bereits auf dem Gelände bestehenden Centre Azur ein Ensemble, das durch eine Reihe gemeinsamer Architekturelemente verbunden ist. Die Glasfassaden begünstigen den Tageslichteinfall und erfordern jeweils gebäudespezifische Sonnenschutzsysteme: textile Sonnensegel bei der Maison Corail und Glasschiebeelemente bei der Résidence Bambou. Die architektonische Polychromie zielt ganz bewusst darauf ab, ein landschaftliches Umfeld auszubilden, in dem jedes Gebäude verschiedene Schattierungen einer Farbgruppe aufweist: Rottöne bei der Maison Corail, Abstufungen von vegetabilen Grüntönen bei der Résidence Bambou und Blautöne beim Centre Azur. Jedes Gebäude wird von einem doppelten Attikageschoss bekrönt, was an diesem Standort, der vielen Massgaben unterliegt, aus den energetischen Vorgaben resultiert, die grössere Flächen für einen höheren Energiestandard erlauben. Die Baukörper aus Aluminium, die den Himmel reflektieren, thematisieren diese Problematik, indem sie ein System von Maisonettewohnungen bieten, das dem eigentlichen Apartmentblock aufgepfropft ist. Die Vorhangfassade der Maison Corail besteht aus grossformatigen Glasschiebewänden, welche die Grenze zwischen Innen- und Aussenraum aufheben und hinter denen ganze Fassadenteile verschwinden.

CORAL HOUSE AND BAMBOO RESIDENCE, GENEVA

The two buildings, together with the Azur centre already present on the site, form a whole linked by a series of architectural elements. The glass façades favour the use of natural light and address the use of specific light-shading systems for each building: fabric blinds for the Coral house and sliding glass panels for the Bamboo residence. Architectural polychromy is strongly considered to form a landscape in which each building has tones from a range of colours: reds for the Coral house, a pixelated plant image for the Bamboo residence and blue tones for the Azur centre. For each one, the upper part is crowned by a double attic, the result, in a site constrained by sizes, of applying the law on energy, which allows for a surplus of surface area for a higher energy standard. These aluminium volumes, reflecting the sky, tackle this issue by offering a duplex system superimposed on the block of flats. The curtain wall of the Coral house is made up of large sliding glass panes that provide that feeling of inside-outside by retracting entire sections of the façade.

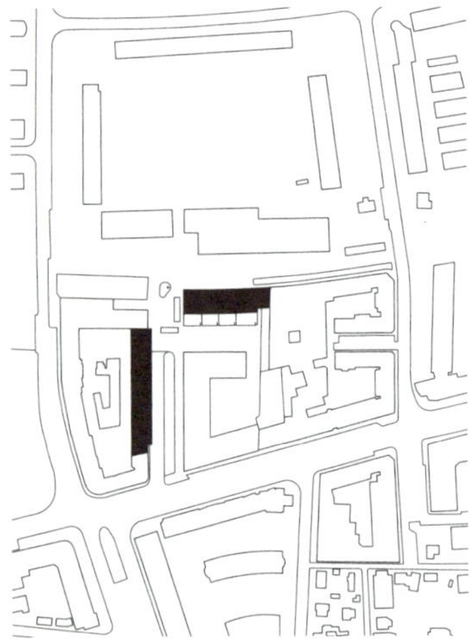

Realisierung: 2009–2011
Entwurf: 2007–2008, Direktauftrag
Bauherrschaft: A&A Real Estate Grand-Pré
Bauingenieure: Walt + Galmarini AG, Perreten & Milleret
Fassadeningenieur: BCS

Construction: 2009–2011
Project: 2007–2008, direct contract
Client: A&A Real Estate Grand-Pré
Civil engineers: Walt + Galmarini AG, Perreten & Milleret
Façade engineer: BCS

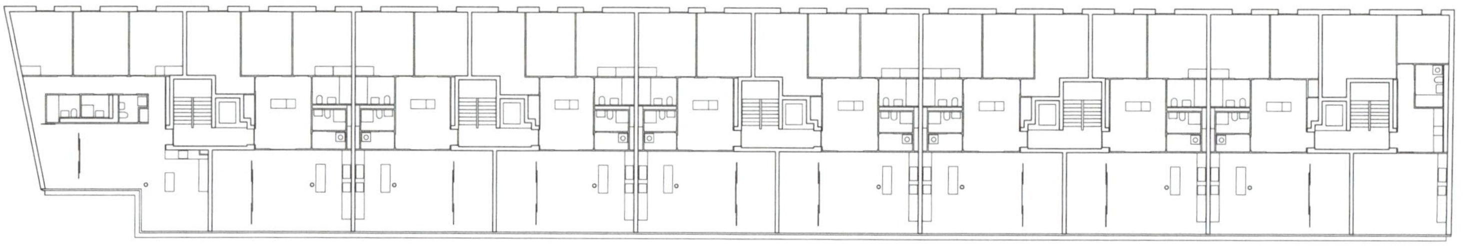
10 m

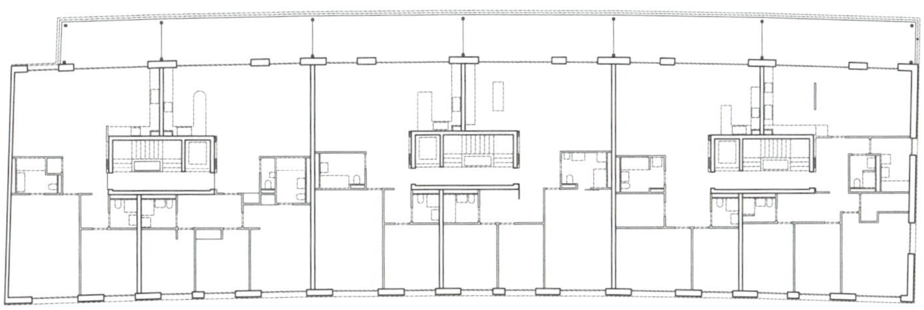

LOGISTIKHALLE INTERNATIONALES KOMITEE VOM ROTEN KREUZ (IKRK), SATIGNY

ICRC LOGISTICS HALL, SATIGNY

Da sich das Grundstück in einem Industriegebiet befindet, das keinen Planungsvorschriften unterliegt, weist das Umfeld keinen besonderen Charakter auf, auf dem ein Konzept basieren könnte. Das Mehrzweckgebäude beherbergt eine Logistikhalle, Werkstätten, Archive, eine Cafeteria und Büros. Die Werte des IKRK kommen in zwei Elementen zum Ausdruck, die Neutralität repräsentieren: im quadratischen Grundriss und in der Farbe Weiss. Das Quadrat ist zugunsten einer Grundrisslogik, bei der die Haupträume in der Fläche und im Querschnitt entsprechend eines Raumplans zueinander in Beziehung gesetzt werden, beschnitten. Die Büros – das Zentrum der humanitären Hilfsinstitution und des Materialtransports – sind an der Fassadensüdseite angesiedelt. Sie kommen in den Genuss eines grossen Atriums und haben Blickkontakt zu den Ladestellen und dem Lager. Ausserdem weisen sie eine ausgeprägte Verbindung zu zwei Aussenräumen auf, die als Ruhezonen genutzt werden. In Weiss gehalten sind die Spannsegeltücher, die den Baukörper umgeben und so dem Schutz der Fassaden und gleichzeitig als Regendächer dienen. Diese Spannsegeltücher aus Wagenplanen werden vom IKRK auch bei Einsätzen verwendet. Sie verleihen dem Gebäude seinen spezifischen Charakter, obwohl sie auf einfache und funktionale Industriematerialien zurückgreifen.

Located in an industrial estate marked by the absence of any planning, the setting does not offer any specific character on which to base the definition of a concept. The building is multifunctional, housing a logistics hall, workshops, archives, a cafeteria and offices. The ICRC's values are transcribed by two subjects related to the issue of neutrality: the figure on the square plan and the colour white. The square is cut out to create a plan logic linking the main spaces in plan and section in the manner of a *Raumplan*. The offices, the centre of the humanitarian governance and equipment transport missions, are located on the south side of the building; they feature a large atrium and are, through cross views, linked to the logistics platforms and the warehouse section. They also establish a strong relationship with two outdoor areas used as relaxation areas. The white colour appears on the stretched canvases that surround the volume to ensure the protection and waterproofing of the façades and act as canopies. These canvasses, made of truck tarpaulins, are the same as those deployed in the field by the ICRC. They give the building a specific character while using simple and functional industrial materials.

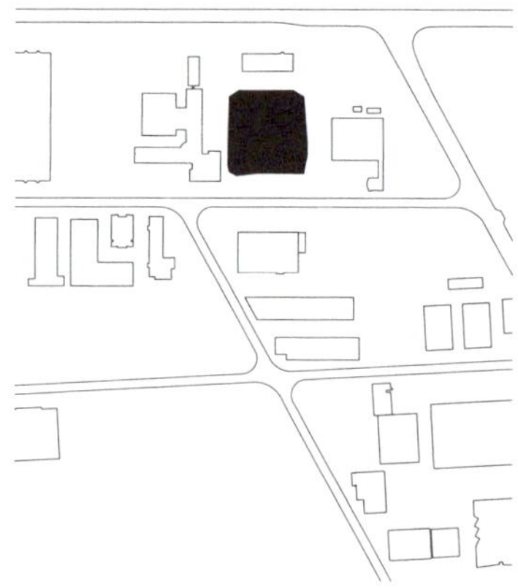

Realisierung: 2008–2011
Geladener Wettbewerb: 2008, Siegerentwurf
Bauherrschaft: Internationales Komitee vom Roten Kreuz (IKRK)
Bauingenieur: Edms
Fassadeningenieur: BCS
Technische Planung: Conception Technique Hostettler

Construction: 2008–2011
Limited competition: 2008, winning project
Client: International Committee of the Red Cross (ICRC)
Civil engineer: edms
Façade engineer: BCS
Technical planning: Conception Technique Hostettler

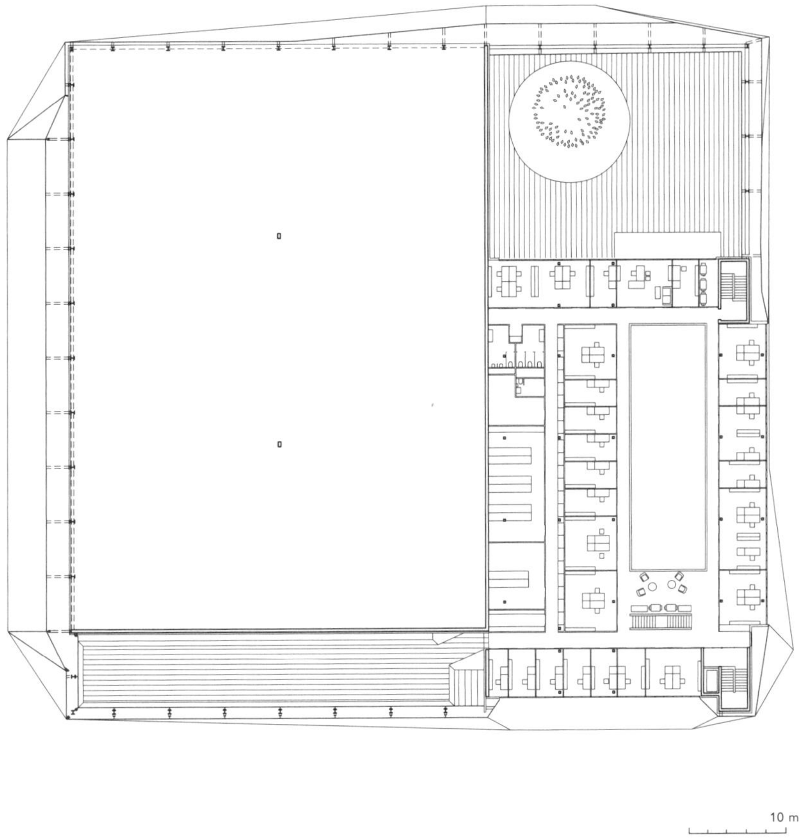
10 m

Das an den Gleisen der Schweizerischen Bundesbahnen am Ortseingang von Genf errichtete Gebäude steht auf einem winzigen Grundstück, das lange als für eine Bebauung ungeeignet galt. Durch seine Eingliederung in das unmittelbare Umfeld antwortet der L-förmige Baukörper auf die örtlichen Gegebenheiten des Grundstücks und knüpft dabei an die Form des Nachbarbaus an, mit dem zusammen er einen einheitlichen Häuserblock bildet. Der Glaskörper umfasst neun Bürogeschosse und weist zwei Hauptfassaden auf: Die erste Fassade erstreckt sich als durchgehende Front entlang der Gleise der SBB, die zweite dient als Eingang zum Gelände mit den Verwaltungssitzen internationaler Organisationen an der Avenue de France. Die Typologie des Grundrisses mit zwei Treppenhäusern basiert auf den Prinzipien von Flexibilität und Weiterentwicklung im Lauf der Zeit. Die Doppelfassade, die zur Schallisolierung der Büros vonnöten ist, präsentiert sich wie ein Schirm, der die atmosphärischen Wechsel durch ein Spiel von Reflexionen, Transparenz und Absorption erfasst.

Located along the SBB tracks at the entrance to Geneva, the building occupies a small, confined plot of land, long considered unsuitable for development. With its integration into the neighbouring fabric, the L-shaped volume blends into the local conditions of the site by adopting the template of the adjacent buildings to create a new unified island. The nine-storey glass prism of offices has two main façades: the first forms a continuous front along the SBB tracks and the second marks out one of the gateways to the district housing the international organisations along the Avenue de France. Featuring two service centres, the plan offers a typology based on flexibility and evolution over time. The double skin façade, required to insulate the offices from noise pollution, is presented as a screen recording atmospheric variations through the interplay of reflection, transparency and absorption.

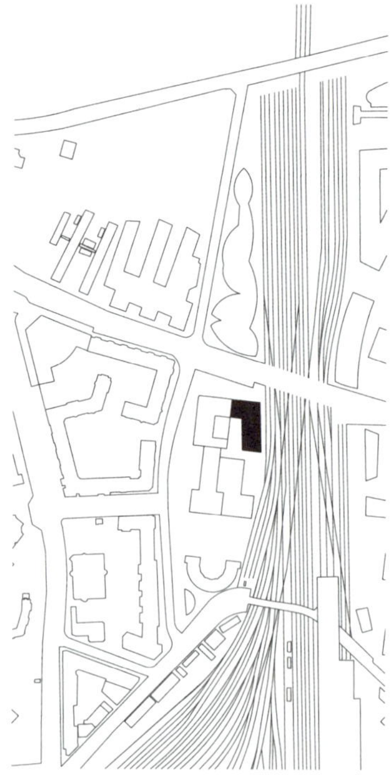

Realisierung: 2009–2012
Entwurf: 2003, Wiederaufnahme 2008
Internationaler zweistufiger Wettbewerb: 2003, 2. Rang und Auftragserteilung
Bauherrschaft: Fondation des immeubles pour les organisations internationales (FIPOI; Immobilienstiftung für internationale Organisationen)
Bauingenieur: ab ingénieurs
Fassadeningenieur: BCS

Construction: 2009–2012
Project: 2003, resumed in 2008
International competition in two stages: 2003, 2nd Prize with contract
Client: Fondation des immeubles pour les organisations internationales (FIPOI)
Civil engineer: ab ingénieurs
Façade engineer: BCS

10 m

A31
C58

JORAN-GEBÄUDE, COUPE
GORDON-BENNETT, VERNIER

JORAN BUILDING, COUPE GORDON-BENNETT, VERNIER

Der Bebauungsplan besteht aus fünf Gebäuden mit Innenhof, die rechts und links einer Fussgängerpromenade liegen. Die vornehmlich aus Wohnungen bestehenden Gebäude sind in massstäblicher Entsprechung zu den Nachbarbauten des Viertels von Ost nach West terrassenförmig angeordnet und weisen zwischen sechs und vier Geschosse auf. Durch eine homogene architektonische Formensprache entsteht so ein einheitliches Ensemble: Jedes Gebäude ist von einem umlaufenden Balkon umgeben, wobei die zusammen mit dem Planungsbüro Kaisersrot entwickelte Brüstung mit Astdekor bei allen Bauten wiederkehrt, die chromatische Abstufung von Grüntönen jedoch von Gebäude zu Gebäude variiert. Die Zimmer der Wohnungen sind je nach Funktion zur Landschaft oder zum Innenhof hin angeordnet. Die Wohnräume sind zur Aussenseite orientiert und weisen einen grossen durchgehenden Balkon auf, der der umliegenden grossmassstäblichen Landschaft entspricht. Die zur ruhigen Hofseite ausgerichteten Schlafzimmer sind mit einer intimeren Loggia ausgestattet, die sich zum Zentrum des Gebäudeblocks hin öffnet. Der Zugang zu den Wohnungen erfolgt vom Innenhof aus, sodass sich die Treppenhäuser an jeder Gebäudeecke ihren privaten Charakter bewahren. Der mit Waldkiefern bepflanzte Innenhof lädt mit seinen sich schlängelnden kleinen Alleepfaden zum Schlendern ein und greift ausserdem das florale Muster der Balkonbrüstungen wieder auf.

The district plan consists of five courtyard buildings grafted onto a central pedestrian mall. The size of the buildings, mainly intended for housing, is staggered from east to west, from six to four levels to blend in with the scale of the neighbouring villa district. The architectural register is homogenous, creating a whole: each building is surrounded by a continuous balcony, the branch-shaped railing with a parametric design is identical, while a tonal system with different shades of green is applied per pocket between each building. The apartments are organised according to a service band prioritising the landscape side and the courtyard side. On the landscape side, the day spaces are orientated towards the outside, with a large continuous balcony matching the large scale of the landscape. On the courtyard side, the rooms benefit from the calm with a more intimate loggia opening onto the heart of the island. Access to the accommodation is from the inner courtyard to preserve the private character of the stairwells at each corner. The inner courtyard is planted with Scots pine trees in the manner of a landscape that invites you to take a stroll, a network of undulating paths echoing the plant motif of the railings.

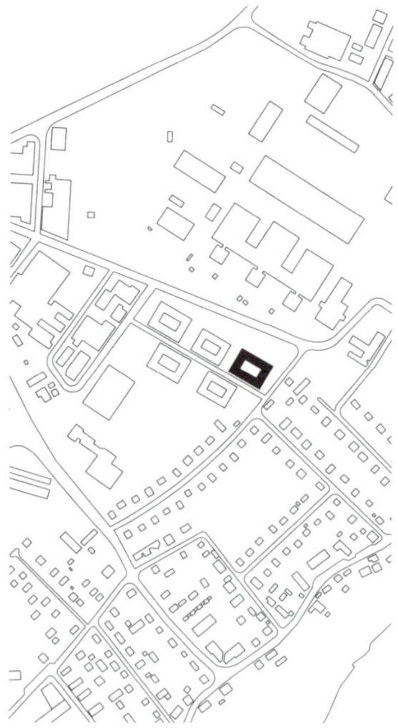

Realisierung: 2009–2013
Entwurf: 2008–2009
Geladener Wettbewerb: 2007, 3. Preis und Auftragserteilung
Bauherrschaft: Implenia Development
Generalunternehmung: Implenia Suisse
Bauingenieure: Sansonnens / Perreten et Milleret (Tiefgarage und gemeinsame Infrastruktur)

Construction: 2009–2013
Project: 2008–2009
Limited competition: 2007, 3rd Prize with contract
Client: Implenia Development
Main contractor: Implenia Suisse
Civil engineers: Sansonnens / Perreten et Milleret (underground car park and municipal infrastructure)

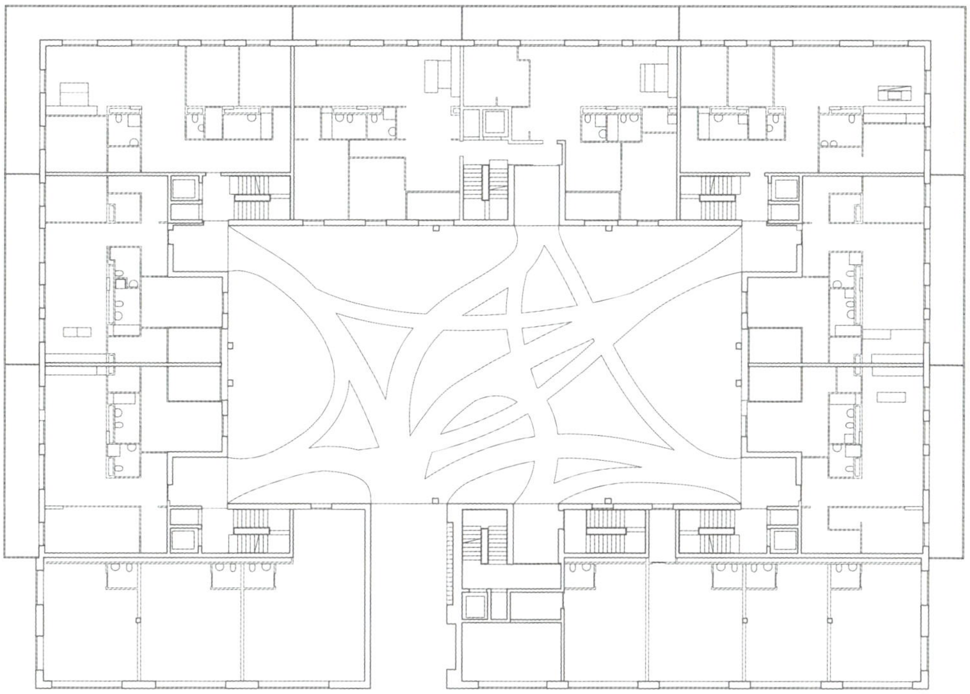

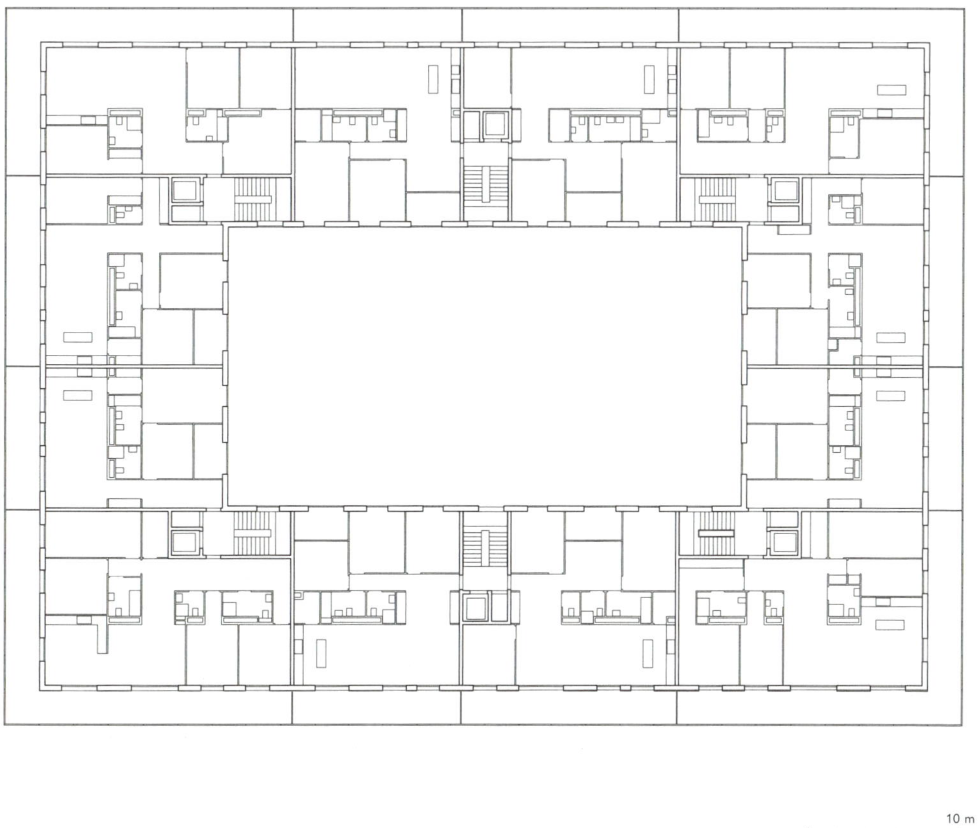
10 m

Das Bauvorhaben zielt auf die Funktionserweiterung des internationalen Hauptsitzes um ein neues Restaurant, Konferenzsäle, Ausstellungsräume und Büros für das Internationale Rotkreuz- und Rothalbmondmuseum (MICR) ab. Die Neuansiedlung dient der Stärkung der Symbolik des ehemaligen Carlton-Hotelgebäudes, des auf dem Grundstück bereits existierenden Sitzes des Internationalen Komitees vom Roten Kreuz (IKRK). Das Projekt ist in zwei Abschnitte unterteilt: Der erste Teil besteht aus dem auf einer Anhöhe angesiedelten Restaurant mit ondulierender Aussenkontur direkt an der Flaniermeile. Von hier aus lässt sich die weite Landschaft überblicken. Das Flachdach dieses Gebäudeteils weist im Eingangsbereich eine runde Aussparung auf, durch die ein alter Baum in die Höhe wächst. Der am Hang befindliche zweite Teil nimmt, eingebettet in das hügelige Terrain, die variablen Konferenzräume sowie Büros auf, die sich hinter zwei grossen Glasfronten verbergen.

Der Neubau ist bewusst optisch zurückhaltend gestaltet, um nicht zu dem 1988 von Pierre Zoelly errichteten Museumsgebäude in Konkurrenz zu treten. Dessen zusätzliche Ausstellungsräume finden nun im Neubau Platz.

The operation aims to complement the international headquarters premises with a new restaurant, conference rooms, exhibition space and offices for the International Commitee of the Red Cross and the International Red Cross and Red Crescent Museum. The layout is intended to reinforce the strong symbolism of the former Carlton hotel, the first building occupied by the ICRC on the site. The design is divided into two parts. The first part comprises the restaurant located on a hill on the site, opening onto the landscape, at the crossroads of pedestrian traffic. It is sheltered by a sinuously contoured slab that embraces a preserved tree signalling the entrance. The second part brings together the modular conference spaces and offices, hidden behind two glass slides inserted into the hillside, the slope of which has been preserved.

This furtive presence limits the visual impact of this construction so as not to compete with the museum building completed in 1988 by Pierre Zoelly. An extension of the museum's exhibition spaces can be found in the new building.

Realisierung: 2011–2014
Entwurf: 2009–2010
Geladener Wettbewerb: 2009, Siegerentwurf
Bauherrschaft: Internationales Komitee vom Roten Kreuz (IKRK), Internationales Rotkreuz- und Rothalbmondmuseum (MICR)
Bauingenieur: Edms
Fassadeningenieur: BCS

Construction: 2011–2014
Project: 2009–2010
Limited competition: 2009, 1st Prize
Clients: International Commitee of the Red Cross (ICRC) and International Red Cross and Red Crescent Museum (MICR)
Civil engineer: Edms
Façade engineer: BCS

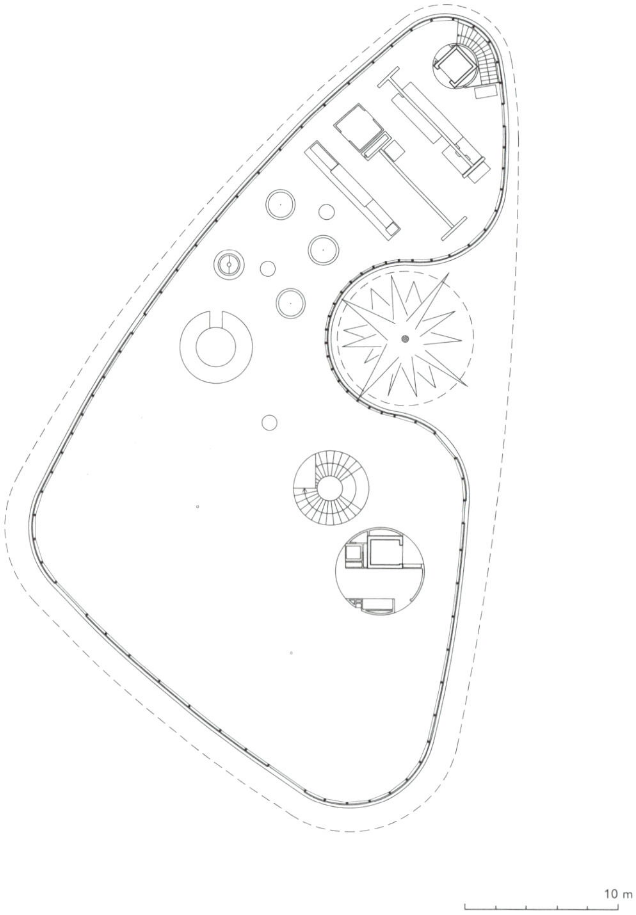
10 m

+CICR+

PROJEKT «VISION 20XX» UND HOTEL, PALEXPO, GRAND-SACONNEX

Drei Jahrzehnte nach seiner Fertigstellung durch Georges Brera, Jean-Marie Ellenberger, Jean-Jacques Gerber und André-J. Léman bedurfte der Komplex von 102 000 Quadratmetern Fläche einer Sanierung und Erweiterung, um sich den neuen Standards im Veranstaltungswesen anzupassen. Ziel war es, den Gebäudekomplex flexibler zu gestalten und das Erscheinungsbild der eher nutzungsabhängigen Räumlichkeiten zu definieren. Der zentrale öffentliche Bereich, der die Hallen mit den anderen Räumen verbindet und dem Publikum die Orientierung erleichtern soll, wurde in Form einer breiten Flaniermeile konzipiert. Diese ist eine Art Raumkontinuum, die der neuen Anforderung von Flexibilität entspricht. Eine sich durch die gesamte Gebäudelänge ziehende transparente rote Wand bietet hier Orientierung. Rhythmisiert wird sie durch riesige Ziffern, welche die Eingänge kennzeichnen. Die breite Promenade führt zum bestehenden renovierten Kongresszentrum, dessen modernisiertes Erscheinungsbild sich in einer neuen Lichtmotivik ausdrückt. Im Zentrum des Gebäudekomplexes befindet sich der neue Gastronomiebetrieb – einer der grössten der Schweiz. Über den Boulevard gelangt man auch in ein zweites, neues Kongresszentrum mit acht Sälen, das sich ebenfalls durch eine ausgefallene Beleuchtung auszeichnet. Auf der Aussenseite findet dieses mit einem transparenten überdachten Gang seine Fortsetzung. Über diesen Gang erreicht man die grossen Hallen und das neue Hotel, das an der an den Park angrenzenden Strasse angesiedelt ist. Der riesige Einschnitt im unteren Teil bewirkt ein Abrücken des Hotelbetriebs vom Strassenverkehr und betont die Ausrichtung des Baukörpers zum Park hin. Bei der Fassade fiel die Wahl aufgrund der Massstäblichkeit auf ein grossformatiges System aus metallischen Scheiben. So entsteht der Eindruck eines optischen Orientierungspunktes, den man beim schnellen Vorbeifahren realitätserweiternd wahrnimmt. Die Promenade führt zu Halle 6, die erweitert wurde, indem man den Raum unter einem bereits existierenden auskragenden Bauteil geschlossen hat. Ihre ondulierende Metallfassade mit der Anmutung eines Vorhangs entspricht der durch Autobahn und Flughafen vorgegebenen Grossmassstäblichkeit.

"VISION 20XX" PROJECT AND HOTEL, PALEXPO, GRAND-SACONNEX

Three decades after its completion by Georges Brera, Jean-Marie Ellenberger, Jean-Jacques Gerber and André-J. Léman, the 102,000 m² building required a makeover and an extension to adapt to the new standards in terms of events. The aim is to make the complex more flexible and define the identity of its more specific spaces. The creation of a main public space that connects the halls to the other uses and helps to guide the public is addressed in the form of a boulevard. This spatial continuity is accompanied by a marker formed by a translucent red, longitudinal wall. It is punctuated by monumental signage elements designating the entrances, thereby responding to the new demand for flexibility. This boulevard leads to the existing and renovated congress centre, whose new identity is provided by a patterned light. The new kitchen – one of the largest in Switzerland – lies at the heart of the complex. The boulevard also leads to a second, new congress centre with eight new rooms, whose identity is also defined by light motifs and is extended outwards by a light cover leading to the large halls and the new hotel located along the traffic lane bordering the park. The monumental cut in its bases frees the hotel premises from road traffic and reinforces the volume's focus on the park. On the façade, the issue of scale dictated the choice in favour of a large-scale motif consisting of a system of metal discs. It produces an image embodying a visual landmark, easily perceptible while travelling at high speed. The boulevard leads to Hall 6, whose extension was achieved by creating the enclosure of a space under an existing overhang. The register of its façade, modelled like a curtain with wide metal corrugations, matches the large scale of the motorway and the airport.

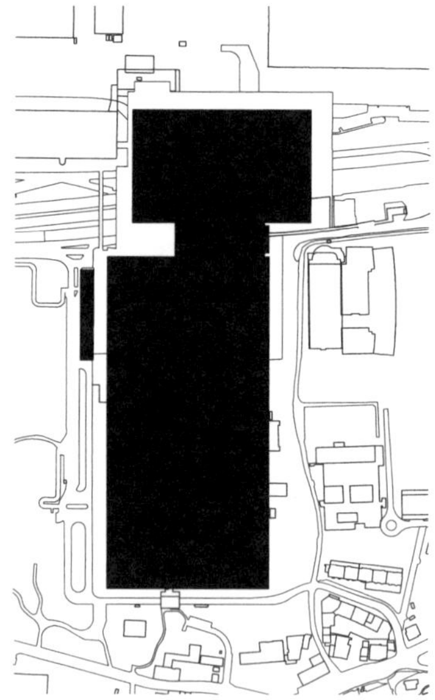

Palexpo «Vision 20XX»
Realisierung: 2010–2013
Entwurf: 2008–2010, Direktauftrag
Bauherrschaft: Palexpo
Bauingenieur: T-Ingénierie SA
Fassadeningenieur: BCS

Hotel
Realisierung: 2016–2017
Entwurf: 2014–2015, Direktauftrag
Bauherrschaft: Palextel
Generalunternehmung: Losinger Marazzi
Bauingenieur: B+S Ing. Conseils
Fassadeningenieur: BCS
Innenarchitektur: Agence Terrones

Palexpo "Vision 20XX"
Construction: 2010–2013
Project: 2008–2010, direct contract
Client: Palexpo
Civil engineer: T-Ingénierie SA
Façade engineer: BCS

Hotel
Construction: 2016–2017
Project: 2014–2015, direct contract
Client: Palextel
Total contractor: Losinger Marazzi
Civil engineer: B+S Ing. Conseils
Façade engineer: BCS
Interior designer: Agence Terrones

ibis budget
ibis STYLES

3
4
3-4
HALLES
4
3

613

ORIGAMI DAY CARE CENTRE, GENEVA

Die Kinderkrippe Origami liegt zwischen zwei imposanten Gebäuden, den Hauptsitzen des Tabakkonzerns Japan Tobacco International (JTI) und der Weltorganisation für Meteorologie (WMO). Um der Charakteristik dieses Umfeldes zu entsprechen, sind alle Funktionsbereiche auf ein einziges Geschoss verteilt, das sich über die gesamte zur Verfügung stehende Grundstücksfläche erstreckt und so den Eindruck einer «belebten Landschaft» vermittelt. Der Baukörper entwickelt sich aus konvexen und konkaven Schichten, die sich auf die ganze Parzelle ausdehnen. Dieses Gliederungsprinzip lässt sowohl geschützte Flächen mit beheizten Räumen entstehen als auch offene Flächen, die als Innenhof dienen. Die gekrümmten Teile werden von einer Holzkastenstruktur getragen, die auf vertikalen Metallstützen ruht. Das Dach ist im Wechsel mit Bodenbelägen und Vegetation versehen und bildet so ein Muster aus, das von den Fenstern der benachbarten Gebäude aus sichtbar ist. Der Haupteingang ergibt sich aus der Absenkung des mittleren Baukörperstreifens und führt ins Zentrum des Grundrisses. Beim Betreten entdeckt man Spielzimmer, die in direkter Beziehung zu den Aussenanlagen stehen, zudem ergeben sich Blickachsen zwischen den verschiedenen Funktionsbereichen. Die Innenausstattung berücksichtigt die unterschiedlichen architektonischen Massstäbe, die den verschiedenen Altersstufen der Kinder entsprechen.

The Origami children's living space is located between two imposing buildings: the Japan Tobacco International (JTI) and the World Meteorological Organization (WMO) headquarters. To match this feature of the setting, the design elements are spread out on a single floor over the entire available perimeter, thereby interpreting the *inhabited landscape*. The building is constructed from convex and concave strata that extend over the entire plot. This structuring principle creates either sheltered spaces that house the heated parts, or open spaces that will serve as an inner courtyard. The curved parts are carried by a wooden box structure supported by vertical metal posts. The roofing with vegetation complemented by the physical nature of the floors forms a picture visible from the windows of the surrounding buildings. The main entrance is achieved by lowering the central stratum, providing access to the centre of the plan. On entering, one discovers playful spaces related to the outside arrangements as well as cross views between the different buildings. The interior layout factors in the different architectural scales based on the different ages of the children.

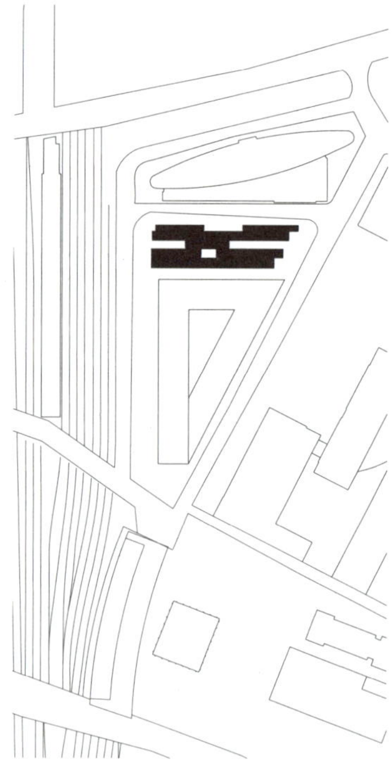

Realisierung: 2013–2015
Entwurf: 2010–2012, Direktauftrag
Bauherrschaft:
Japan Tobacco International (JTI)
Generalunternehmer: Implenia Suisse
Bauingenieur: Ingeni
Landschaftsarchitektur: Oxalis

Construction: 2013–2015
Project: 2010–2012, direct contract
Client: Japan Tobacco International (JTI)
Total contractor: Implenia Suisse
Civil engineer: Ingeni
Landscape architect: Oxalis

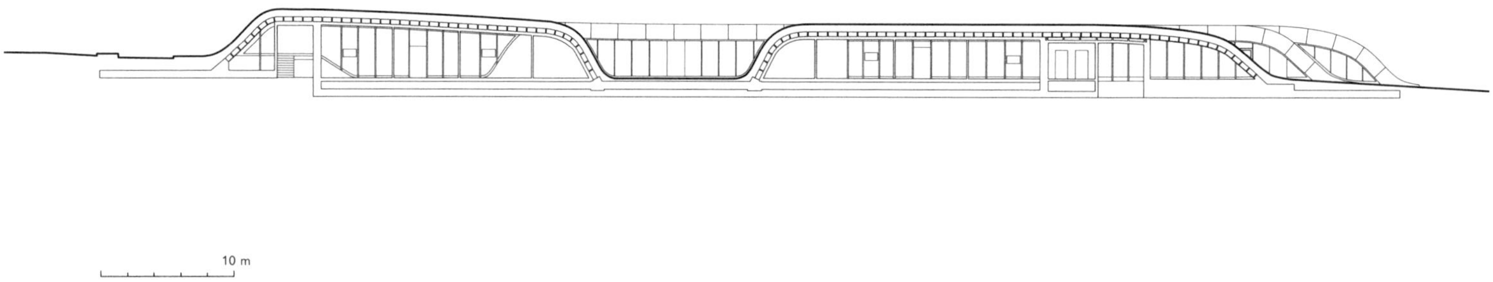

10 m

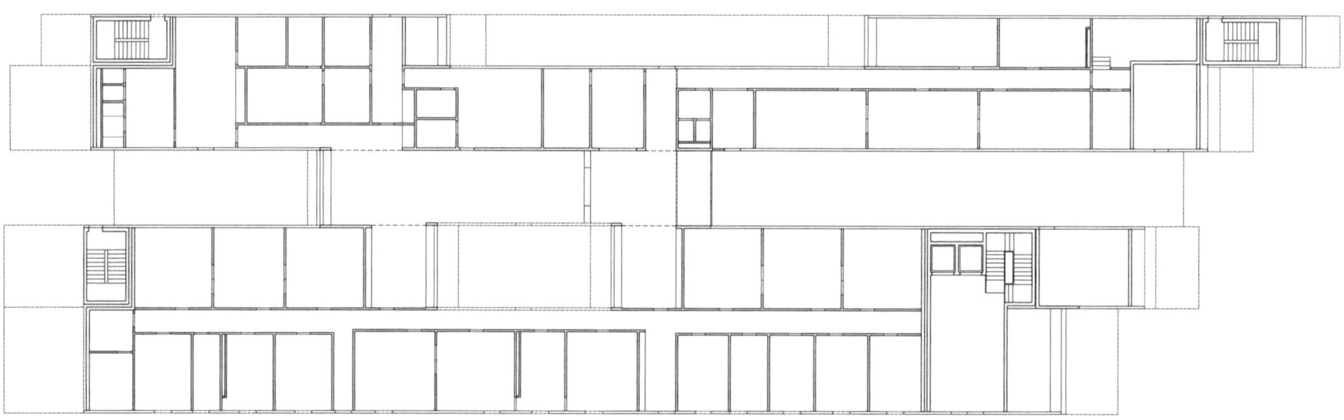

ZUM PLANEN VON ENSEMBLES: EINE HERAUSFORDERUNG DER HEUTIGEN ZEIT

Bruno Marchand

«Drei oder vier Gebäude anstelle eines einzigen zu planen, das ist nicht das Gleiche».[1] Diese Äusserung von Adrien Besson und Tarramo Broennimann von group8 verweist auf die Herausforderungen, die sich bei der Planung eines Gebäudekomplexes anstatt eines einzelnen Hauses ergeben. Zugegebenermassen gleichen sich die Entwurfsthemen. Die typologische und räumliche Herangehensweise, die Frage der Materialisierung und Atmosphäre, das Verhältnis zum Ort und Kontext – all das sind Parameter, die bei jeglichen Formen städtischer und architektonischer Aufgabenstellung eine Rolle spielen. Die Gruppierung mehrerer Bauten erfordert jedoch ein Denken in anderen, komplexeren Dimensionen. Wird ein Ensemble geplant, so müssen die Formen in Bezug auf ihre jeweils eigenen Charakteristika, aber auch hinsichtlich ihrer spezifischen Beziehungen zueinander entworfen werden: und zwar unter anderem im Hinblick auf Aggregation, Assemblage und Gleichgewicht der Volumina. *Vollformen* und *Leerflächen* sind folglich gleichermassen in den Blick zu nehmen.

Philip Johnson hat das konsequent auf den Punkt gebracht, als er in einer Publikation über sein berühmtes Glass House und dessen Anbauten (New Canaan, 1949) auf den *Generalbass* Theo van Doesburgs Bezug nahm.[2] In van Doesburgs ursprünglich in der Zeitschrift *G* im Juli 1923 veröffentlichten Kompositionen erzeugen die schwarzen Rechtecke mittels subtiler Verschiebungen und geometrischer Variationen klare Kräfteverhältnisse zwischen den Formen und erzeugen Zwischenräume. Dasselbe hat Johnson mit der Form und Positionierung seiner Gebäude bei seinem Anwesen in New Canaan versucht. Diese referenzielle Methode ist faszinierend, da sie auf unterschiedlichsten Massstabsebenen auf Probleme der Gestalt verweist. Ich persönlich habe immer schon eine solche Lesart urbaner Analogien favorisiert. In meinen Augen stellen die Vollformen (die schwarzen Rechtecke) das Gebaute dar und die Leerflächen repräsentieren die traditionellen öffentlichen Räume, Strassen und Plätze.

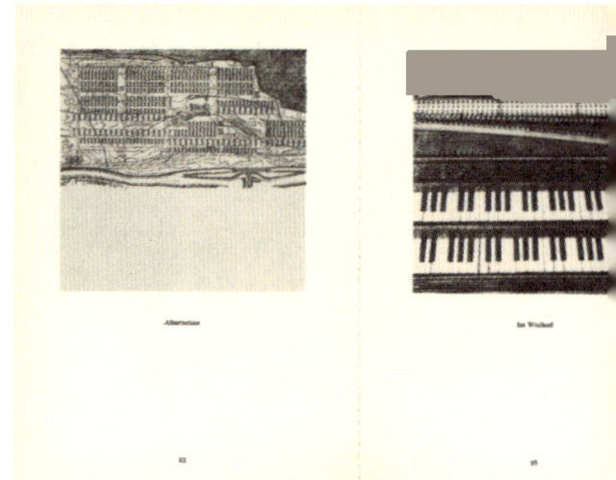

Philip Johnson: Quellen für das Projekt des Glass House, Auszug aus Philip Johnson: «House at New Canaan, Connecticut», in: Architectural Review, Nr. 645, S. 152–159.

Philip Johnson, sources for the Glass House project, in Philip Johnson, "House at New Canaan, Connecticut", ***Architectural Review*****, No. 645, 1950, p. 152–159.**

Relevante Modelle

Aus diversen Gründen beschränken wie uns hier auf einige Projekte städtischen Massstabs von group8: zunächst weil ihr Werk in diesem Bereich noch wenig aufgearbeitet ist – der gute Ruf des Büros rührt bislang im Wesentlichen von der Qualität seiner architektonischen Werke her; ihre städtebaulichen Ansichten müssen erst noch betrachtet und erläutert werden; und schliesslich ist es meiner Ansicht nach erhellend, ihr städtebauliches Schaffen vor dem Hintergrund der langen Genfer Tradition auf diesem Gebiet zu betrachten.

Tatsächlich scheint sich ein Kreis zu schliessen. In gewisser Hinsicht weist die heutige Zeit Gemeinsamkeiten mit der Moderne des 20. Jahrhunderts auf, vor allem was das starke demografische und wirtschaftliche Wachstum anbelangt. Genf hat es dank seiner Politik und Stadtplanung verstanden, den Herausforderungen einer jeden Epoche adäquat zu begegnen. Alle herausragenden Planungen von Gebäudekomplexen sind prinzipiell auf eine homogene und koordinierte Absicht zurückzuführen – was ihnen a priori eine gewisse städtebauliche und architektonische Einheitlichkeit verleiht.

Der Plan Braillard (1935) dehnte diese Vorstellung eines gebauten Ensembles auf die gesamte Stadt aus, er spiegelte eine rationale Haltung wider, die für Genf weitgehend neu war. Dieser Plan – dessen Physiognomie mit jener gestalterischen Analogie vergleichbar ist, die Oswald Mathias Ungers als «Alternation» bezeichnet hat –[3]

ON THE CONTEMPORARY CHALLENGE OF CREATING ENSEMBLES

Bruno Marchand

"Designing one building is a very different story from designing three or four".[1] This statement by group8 members Adrien Besson and Tarramo Broennimann speaks volumes about the issues that are raised in designing an ensemble of buildings, compared to just one one. Of course, in both cases, the conceptual starting points are often similar. Defining typological and spatial approaches, finding materialities and atmospheres, spatial relationships and context: these parameters apply to any urban planning or architectural project. On the other hand, the grouping of multiple buildings entails more complex questions of design. Designing an ensemble means weighing up forms in terms of their own characteristics and their specific relationships with other elements, guided by principles of aggregation, assemblage, the balance of masses, meeting points and edges, and many others. This requires us to pay attention to both *masses* and *voids*.

Philip Johnson had fully grasped this point when he talked about Theo van Doesburg's *Generalbass der Malerei* in a book on his celebrated Glass House and annexes (New Canaan, 1949).[2] The black rectangles Van Doesburg painted, which first appeared in the journal *G* in July 1923, represent figures that create controlled relationships between force and interstitial void, by means of a subtle interplay of offsets and geometric variations. This is exactly what Johnson attempted through the form and arrangement of the buildings on his New Canaan property. The allusive approach is fascinating because it engages with *Gestalt* problems that extend unimpeded across very different scales. As for me, I have always favoured a "reading by urban analogy" of this kind of formal relationship. For me, the masses (black rectangles) represent the built environment, while the voids are traditional public spaces, streets and squares.

Models at play

Several of group8's projects on an urban scale are interesting in this light, for a number of reasons. Firstly, this body of work is less well known at present, as the firm's reputation has so far rested almost entirely on the quality of its architectural work. Secondly, this means that their thinking on an urban scale has yet to be surveyed and reviewed, and I think that it has something to tell us when placed in the context of Geneva's long urbanist tradition.

One might even say that we are coming full circle. In some ways, the present moment has much in common with aspects of 20th century Modernity, particularly its strong economic and demographic growth. Geneva met the challenges posed by each of those periods through the evident resolve of its politicians and urban planners, resulting in memorable urban plans that were often based on built ensembles. By their very nature, these ensembles reflect a vision that is communal, homogeneous and coordinated, which lends them a kind of inherent urban and architectural unity.

The Braillard plan of 1935 extends this notion of the built ensemble to the scale of the city, reflecting a rational sensibility that has reached a very rare degree of expression in Geneva. This plan, which can be likened in physical form to Oswald Mathias Ungers' *Gestalt* concept of "alternation",[3] also seems to have introduced the "truly Genevan tradition of *barres* [low-rise blocks]".[4]

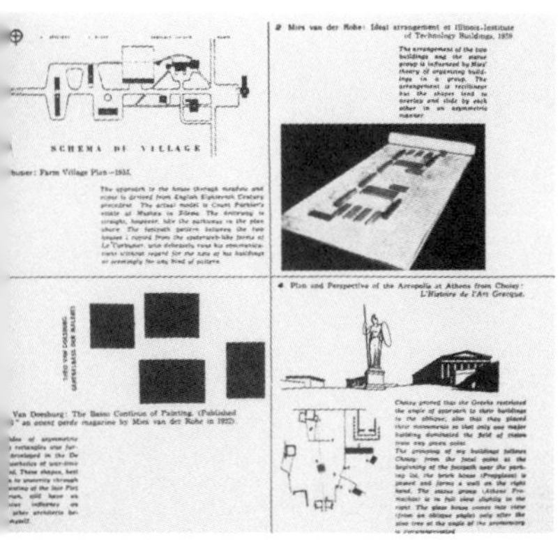

«Alternation», Analogie illustriert in Oswald Mathias Ungers: *Morphologie/City Metaphors.* Köln 1982, S. 82–83.

"Alternation", analogy illustrated in Oswald Mathias Ungers, *Morphologie/City Metaphors*, Cologne, 1982, p. 82–83.

brachte, so scheint es, eine wahrhafte «Genfer Tradition von Häuserblöcken» hervorgebracht.[4] Doch es sind auch noch andere Modelle im Spiel, etwa die «artikulierte Lösung» Eugène Beaudouins, die in Verbindung mit punktuellen Einflüssen der Arbeiten von Team 10 zu Grossformen wie Le Lignon oder auch zu Anleihen bei der amerikanischen Architektur wie im Falle der Türme führen sollte.

Kontext und Archetypen

Wie gehen die Architekttinnen und Architektenvon group8 also vor, wenn sie Gebäudekomplexe entwerfen? Auf welche Projekte greifen sie zurück? Wie stehen sie zu den Begriffen von Vollform und Leerfläche? Wie gehen sie mit dem gerade in Erinnerung gerufenen Erbe um – im Bewusstsein, dass sie eine eigene Sensibilität entwickeln, deren Merkmal unter anderem «die Treue gegenüber den Errungenschaften der Moderne» ist?[5] Zur Annäherung an diese Fragen gehen wir von der (einhelligen) Meinung aus, dass sie – vor allem, wenn sie sich städtischen Problemen stellen – dem Kontext besondere Aufmerksamkeit schenken, da er in ihren Augen «eine wichtige Rolle für die Bauform spielt».[6] All dem stellen wir schliesslich – im Sinne eines besseren Verständnisses – ihre Affinität zur Schaffung öffentlicher Räume (der Leerfläche) gegenüber.

Der Kontext eines im Jahr 2016 gewonnenen Wettbewerbs für das Zentrum von Grand-Saconnex wird von einem ausgeprägten Strassennetz bestimmt – das erhebliche Umweltbeeinträchtigungen mit sich bringt –, von einem Potpourri heterogener Gebäudekomplexe und fehlenden qualitätsvollen öffentlichen Räumen. Die grösste Herausforderung und Notwendigkeit bestand also in der Schaffung eines neuen Zentrums. Es soll dieser Vorstadtgemeinde, die sich in den letzten Jahrzehnten unkoordiniert entwickelt hat und sich sowohl sozial als auch formal neu definieren muss, eine neue Identität verleihen. Der Siegerentwurf von group8 begegnet dieser Tatsache mit der Schaffung *archetypischer* Gemeinschaftsräume. Der städtische Raum an der Route de Colovrex erfährt durch einen gepflasterten Platz eine Erweiterung. Dieser Platz wird von den Fassaden der ihn umgebenden Gebäude gefasst und mittels einzelner Bauten wie dem erhaltenen Ärztehaus, durch Grünflächen oder Baumgruppen akzentuiert. Betont und gefördert wird der öffentliche Charakter dieses Raumes durch Portiken und Geschäfte beziehungsweise öffentliche Einrichtungen im Erdgeschoss der Gebäude. Im Gegensatz dazu ist das abfallende Gelände zwischen den Gebäuden als *linearer Park* gestaltet. Dieser begrünte Zwischenraum, durch den im Zentrum ein Wasserlauf fliesst, verbindet die bestehenden Landschaftselemente, etwa den Park des Rathauses und die das Schloss umgebende Landschaft.

Dieselbe archetypische Vorgehensweise legt group8 bei der Planung des Viertels Les Grands Esserts in der Gemeinde Veyrier an den Tag. Der Kontext ist hier ein gänzlich anderer: Das ländliche gelegene Gebiet wird von landwirtschaftlichen Nutzflächen, einem Wald, Einzelhaussiedlungen und institutionellen Gebäuden gesäumt. Auch in diesem Umfeld wird das neue, dicht besiedelte Viertel von – in diesem Fall drei grossen – gegensätzlichen öffentlichen Bereichen geprägt: von einer *Esplanade*, welche die Geschäfts- und Wohneinheiten miteinander verbindet und für die verschiedensten Nutzungen im Viertel bestimmt ist; von einem *Spazierweg*, der das Viertel im Osten begrenzt und eine Verbindung zwischen dem Wald und den Ufern der Arve herstellt; und schliesslich von einer *historischen Strasse*, der wieder zu Kohärenz und Identität verholfen werden musste, indem man ihr den Charakter einer Allee beziehungsweise einer Promenade verliehen hat.

Die Präzisierung der öffentlichen Räume ist in einem solchen Kontext erforderlich: Einerseits schaffen sie nachhaltige Bezugspunkte für die Planung eines städtischen

But other models are also in the mix, for example Eugène Beaudouin's "articulated *parti*" which, combined with occasional influences from the work of Team 10 and gave rise to *Grossformen* such as Le Lignon, as well as borrowings from American idiom, such as high-rise blocks.

Contexts and archetypes

This raises the question of how group8 architects set about designing built ensembles. What precedents do they draw on? How do they contend with the notion of mass and void? How do they acknowledge the heritage we have just discussed, while refining and articulating an individual sensibility that, among other commitments, seeks to be "remain true to the achievements of modernity"?[5]

To address these questions, let us start from the (shared) opinion that group8 generally (and, for our purposes, wherever urban issues must be contended with) pays particular attention to context. Context, they say, "plays an important role in the form that is to be built".[6] And then, to deepen our understanding, let us consider this studio's affinity for the creation of public spaces (that is, voids).

For a competition won by the studio in 2016, the setting, in the centre of Grand-Saconnex, is dominated by a major road network that causes significant disruption to locals, a heterogeneous mix of built ensembles and an absence of high-quality public spaces. Consequently, the overriding and essential challenge here is the creation of a new centre, in order to give a new identity to a suburban district that has developed piecemeal in the last few decades, and which now needs to redefine itself both socially and formally.

The winning group8 project sets out to achieve this by starting with the creation of *archetypal* collective spaces. A *square* enlarges the urban space of the Route de Colovrex in the form of a paved forecourt, defined by the façades of buildings and punctuated by built masses (such as the *maison des médecins*, which has been preserved) and vegetation, or sometimes by a cluster of trees. The public dimension of the space is reinforced and enlivened by porticoes and the ground-level activities in the buildings. In contrast, the slope between the buildings is laid out as a linear park. This green in-between area, with a stream running through its centre, links existing landscaped areas such as the City Hall park and the park of the Château-Pictet.

The architects took a similar archetypal approach to their work on the Grands Esserts precinct plan for the commune of Veyrier (Canton of Geneva). This time, the context is of a completely different kind, since the site, bordered by farmland, a forest, suburban villas and institutional buildings, is located in the countryside. The creation of a new, higher-density precinct in this setting once again began with the development of three major, contrasting public spaces. Firstly, an esplanade, to link together the commercial and civic components, while enabling multiple uses and appropriations at the scale of the precinct as a whole. Secondly, a landscaped promenade, to define an eastern boundary for the precinct and make a connection with the banks of the River Arve. And lastly, a historical route, requiring restoration of its cohesiveness and identity, which also had to serve as an alleyway access and a promenade route.

In such a context, this level of precision is necessary when defining public spaces. On the one hand, these spaces create lasting reference points for the planning of an "urban room" based on contrasting architectural and urban morphologies, which might be positioned at the centre or at the periphery of

Raums, der auf gegensätzlichen Bauformen basiert, die auf ihre – zentrale oder am Rand gelegene – Position im künftigen Viertel zurückzuführen sind; andererseits garantieren sie eine gewisse Einheitlichkeit angesichts von Bauvorhaben, die sich im Laufe der Zeit verschiedenartiger Architektursprachen zu bedienen drohen.

Bei den beiden hier angeführten Projekten sind *Platz* und *Park, Esplanade, Promenade* und *historische Strasse* allesamt Archetypen, die – durch ihre Gestalt und ihre spezifische Behandlung klar definiert – Orte der Geselligkeit erzeugen. Wie Magnete konzentrieren sie den Austausch zwischen Nachbar- und Bewohnerschaft der umliegenden Bezirke auf sich.

Man kann ein Paradoxon zwischen dieser archetypischen Vorgehensweise, die für gewöhnlich ahistorisch und unabhängig vom Ort erfolgt, und der kontextgebundenen Haltung der Architekturschaffenden erkennen. Doch genau darin besteht die Stärke von group8: Ihre Entwürfe basieren auf den «Figuren des öffentlichen Raums»,[7] welche zeitgleich Idealformen und eine «Reaktion auf die jeweiligen Bedingungen vor Ort»[8] sind.

Fragmentierungen, Verschiebungen, Vollformen und Leerflächen

Um diese Vollformen schliesslich zum Leben zu erwecken, ist ein Spiel mit Verschiebungen und unterschiedlichen Höhen vonnöten. Das Prinzip der Fragmentierung und Zergliederung erlaubt eine Artikulation der Massen und ermöglicht es, die Ansichten zu verändern sowie den Entwurf an die gebaute und natürliche Umgebung anzupassen. Das geht mit der Verschiebung von Volumina in der Ebene einher, welche in Grand-Saconnex den Platzraum und die Parks definieren, ausgeprägte Skylines entstehen lassen und der Bewohnerschaft Ausblicke und eine freie Sicht auf die direkte Umgebung und die weitere Landschaft garantieren.

Dem Bericht der Jury zufolge «schafft der Entwurf durch eine subtile Verflechtung seiner landschaftlichen und städtischen Leerflächen und seiner gebauten Volumina klare Verbindungen zu seinem Kontext».[9] Der Entwurf reagiert auf lokale Besonderheiten, indem er ein Netz von volumetrischen Beziehungen und Korrespondenzen schafft. Der Verweis auf die «landschaftlichen und städtischen Leerflächen» erlaubt es uns, auf den Anfang dieses Textes zurückzukommen und festzustellen, dass die formale Arbeit im Sinne der künstlerischen Analogie – welche sich (in van Doesburg Gemälde) in der Einführung von Lücken manifestiert – durch Abstände und Intervalle zwischen den *Vollformen* und Verengungen zwischen den *Leerflächen* erfolgt. Letztere – also der Platz oder der Park – werden dadurch als Entitäten erfasst.

Das Prinzip von Fragmentierung und Zergliederung zeigt sich in einer noch grösseren Intensität im Siegerentwurf im Rahmen des Wettbewerbs für die Parzelle A5 des neuen Quartiers Communaux d'Ambilly. Hier haben wir es mit einer Reihe von Stadtparzellen zu tun, die durch eine zentrale Promenade miteinander verbunden sind. Der Fussabdruck dieser Parzelle wird durch ein regelmässiges Raster und Baukörper in drei unterschiedlichen Höhen bestimmt. Die Architekten bemühen auch hier wieder das Verhältnis von Vollformen zu Leerflächen in Reaktion auf den Kontext – «die formale Textur ist zur Promenade hin grösser und durchgehender und zu den Einzelhäusern hin kleinteiliger»[10] –, um die öffentlichen Bereiche, den Hauptplatz, die Höfe und die Strassen räumlich zu fassen.

Die volumetrische Fragmentierung verstärkt die morphologische und typologische Vielfalt, erleichtert die Besonnung der Aussenräume und sorgt für eine ideale Ausrichtung der Wohnungen, die über Laubengänge erschlossen werden. Dank dieser erhöhten «Strassen» (ein von Le Corbusier eingeführtes System, das von Alison und Peter Smithson aufgegriffen und weitergeführt wurde) bilden group8 nicht nur eine

the future precinct. On the other hand, these spaces guarantee a certain level of coherence across operations which, because they are staggered over time, are likely to draw on various architectural idioms.

In the two projects we have just mentioned, the square and the park, the esplanade, the promenade and the historical route are all archetypes. Where these archetypes are clearly defined by their specific configuration and treatment, they generate convivial places that are magnets for interaction between neighbours and residents of neighbouring districts. One might even argue that there is something of a contradiction between this archetypal approach, which is typically ahistorical and neutral towards its setting, and the contextual sensitivity these architects strive for. In fact, this paradox is precisely where group8's approach derives its power, insofar as their projects are rooted in the recognition of "figures in the public space"[7] that are both idealised and finely calibrated in "reaction to the local conditions of the site".[8]

Fragmentations, shifts, masses and voids

The subsequent task of making these masses come alive requires playing around with offsets, gaps and height. This principle of *fragmentation and decomposition* provides a means of articulating masses, adjusting the visual weight of particular views and defining the project's profile in harmony with the local building morphology and natural environment. This goes hand in hand with the shifts and offsets in volume and plan which, at Grand-Saconnex, determine the spatial nature of the square and the park, create characterful skylines and ensure that the inhabitants have views and sightlines to their immediate environment and the wider landscape.

According to the jury's report, "the project makes wide-ranging connections with its context through the subtle interweaving of its landscaped and urban voids and its built volumes."[9] The project thus responds to the local context by creating a network of linkages and volumetric connections. Yet the reference to "landscaped and urban voids" brings us back to the start of this discussion and to a new understanding: namely that the formal work done here is carried out in terms of the artistic analogy of Van Doesburg's painting, which is given material form by the creation of gaps, spacing and intervals between the *masses*; as well as by creating further delimitations between the *voids*, so that we can define the latter as entities, like a square or a park.

The principle of *fragmentation and decomposition* is expressed even more intensely in the winning design for the A5 "room" of the Communaux d'Ambilly, the last in a series of urban rooms linked by a central mall that incorporates circulation. The footprint of this room is defined by a regular grid and built volumes of three different heights. Once again, the architects have attended to the relationships between solids and voids in reaction to the surrounding context: "the formal grain is larger and more continuous on the mall side and more fragmented in the direction of the villas."[10] This approach has determined the spatiality of the public spaces, the main square, the courtyards and the streets.

Volumetric fragmentation reinforces morphological and typological diversity, facilitates the sunlighting of outdoor spaces and improves the orientation of dwellings served by passageways. By means of these raised streets (a Corbusian device taken up and enhanced by Alison and Peter Smithson), the architects achieve two aims. Not only do they create connections between the

Brücke zwischen den privaten Entspannungs- und Ruhezonen und dem Wunsch der Bewohnerschaft nach Geselligkeit und Gemeinschaft. Sie reflektieren darüber hinaus mit der auf den Terrassen, Balkonen und an den Fassaden allgegenwärtigen Natur die «Suburbanität» und den «ländlichen Charakter» dieses Ortes.

Kontinuität

Abschliessend wollen wir uns mit der dringenden Frage des historischen Erbes beschäftigen. Diese zu stellen, ist im Genfer, aber auch im Schweizer Kontext sicher legitim, weil «die Schweizer Architektur [anerkanntermassen nicht auf einen …] Urknall [zurückzuführen], sondern ein steter Strom ist: eine langsame Entwicklung, welche die Hauptcharakteristika dessen, was sie ersetzt, beibehält».[11] Man muss jedoch zugeben, dass den «modernen» Genfer Stadtbauplänen eine universale Dimension innewohnt, die mit den Anliegen der heutigen Zeit nicht vereinbar ist, welche sich durch das Ende der grossen Erzählungen, die Rückbesinnung auf die spezifischen Besonderheiten des Kontextes und die Berücksichtigung unterschiedlicher sozialer Praktiken auszeichnet. In diesem Sinne ist die Tradition folglich schwerlich fortzusetzen.

Man muss sich daher für eine andere Sichtweise entscheiden und sich auf die mögliche Existenz einer rationalen, vielseitigen und komplexen Genfer Wesensart einigen. Diese offenbart sich in einer (konstanten und deutlichen) Präsenz von Referenz- und Materialbildern, die das in der lokalen Geschichte verwurzelte städtebauliche und architektonische Bezugsfeld prägen, sich aber dennoch konstant wieder neu erfinden können – ohne ihre Seele zu verlieren.

In Grand-Saconnex ist dies besonders augenfällig: Die Grundrissaufteilung erinnert an die Tradition der Blockrandbebauung, wobei sich diese hier weder seriell noch homogen, sondern vielmehr fragmentiert, in einer gekurvt ansteigenden Form mit variierenden Höhen ausnimmt. Die Wohnungstypologien, deren Qualität wiederholt betont wurde, fahren im Kielwasser der Genfer Rationalität mit: Rund um einen zentralen Verkehrsknotenpunkt versammeln sich Zellen, die untereinander deutliche Abweichungen und vielfache Ausrichtungen aufweisen, L-förmig und oder an den Ecken zweiseitig orientiert sind. Auf Ebene der Fassaden sind schliesslich Anleihen beim strukturellen binären Rhythmus der Stützen der Tours de Lancy auszumachen – eine rhetorische Figur, die dem Gebäudekomplex eine gewisse Einheitlichkeit und stilistische «Neutralität» verleiht und es vor dem Hintergrund der weiteren Umgebung hervorhebt.

Die Schaffung von Gebäudeensembles seitens group8 steht also im Zeichen einer Auseinandersetzung mit dem Kontext, eines Strebens nach Kontinuität und der Suche nach der Identität des Ortes. Ihre Arbeit ist geprägt von reziproken Übereinstimmungen und Einflüssen – sowohl die allgemeine Form als auch das architektonische Detail betreffend. Diese «lokale» Perspektive öffnet sich auch anderen Standpunkten und Referenzen, die ebenfalls Teil des kulturellen Erbes von group8 sind. Auf dieser soliden Basis werden vielfältige persönliche Handschriften möglich – Projekte, die zur Reflexion über die aktuelle und zukünftige Entwicklung unserer Territorien und Städte beitragen sollen.

1 Äusserung von Adrien Besson und Tarramo Broennimann am Tisch des Restaurants Gina an der EPFL im Rahmen einer fruchtbaren Unterhaltung mit dem Verfasser dieses Aufsatzes am 30. Oktober 2019.
2 Philip Johnson: «House at New Canaan, Connecticut», in: Architectural Review, Nr. 645, 1950, S. 152–159.
3 Oswald Mathias Ungers: Morphologie/City Metaphors. Köln 1982, S. 82–83.
4 Elena Cogato Lanza: «L'urbanistica delle barre. La tradizione ginevrina», in: Daniela Ruggieri / Anna Todros (Hrsg.): Meyrin, progetto e modificazione dello spazio moderno. Mailand 2009, S. 30–39.
5 Christophe Catsaros : «L'irrévérence contrôlée», in: archistorm, Nr. 21 (Sonderheft), 2016, S. 5.
6 Christophe Catsaros / Adrien Besson / Tarramo Broennimann, «Entretien», in: archistorm, Nr. 21 (Sonderheft), 2016, S. 9.
7 Begriff, der von group8 in der Beschreibung des Projekts von Grand-Saconnex auf ihrer Website verwendet wird.
8 Ebd.
9 *Projet Carantec, Ville du Grand-Saconnex, concours d'architecture et d'espace public*, Bericht der Jury, Dezember 2016, S. 30.
10 Auszug aus der Projektbeschreibung von Communaux d'Ambilly auf der Website von group8.
11 Christophe Catsaros, «L'irrévérence contrôlée», in: *archistorm*, Sonderheft, Nr. 21, 2016, S. 5.

relaxation spaces and the inhabitants to foster conviviality and unity, but they also reflect the "suburbanity" and "rurality" of the setting by making nature omnipresent in the terraces, balconies and façades.

In continuity

In conclusion, let us address the nagging question of historical legacy. This is, of course, legitimate in the context of Geneva, but also that of Switzerland, given that, "Swiss architecture is not a big bang but a steady stream: a slow evolution that maintains the major characteristics of that which it replaces."[11] However, it must be allowed that "modern" city plans in Geneva contain a universal dimension that is no longer compatible with the concerns of the current period, characterised by the end of the great narratives, a renewed focus on the particularities of place, and a reckoning with the growing diversity of social practices. In this light, a historical legacy would be difficult to define.

It is therefore necessary to take another point of view, and agree that something like a "rational (albeit multiple and complex) Genevan sensibility" might exist. This sensibility manifests and reveals itself in the (constant, implicit) presence of reference images and materials that, while they make up the urban planning and architectural field of reference, remain capable of constant reinvention, without ever losing their essence.

It is in Grand-Saconnex that this way of seeing things is most evident: the layout of the plan recalls the traditional *barres*, although they are not arranged in series, nor are they homogeneous. Instead, they are fragmented, rising to different heights and joining together to form a serpentine figure. The project's typology of housing types, whose high quality has been highlighted many times, reflect the Genevan rationale for clustering "cells" around a central circulation core. At the same time, they also present significant gaps, multiple orientation, and L-shaped and bi-directional arrangements in the corners. Finally, let us note on the façades the "borrowed" binary structural rhythm of the columns of the Tours de Lancy. This rhetorical figure brings both a sense of unity and a stylistic "neutrality" to the built ensemble, while also lending it a particular profile against the wider landscape.

group8's work in creating built ensembles thus forms part of a contextual research journey and a commitment to the continuity of place identity, according to reciprocal correspondences and influences, which affect both general form and architectural detail. This "local" perspective also opens itself up to other points of view and references from elsewhere, which are part of the cultural baggage architects carry. In turn, the consistency of group8's approach makes a stable point of departure for written work that is varied and personal, and for projects with much to contribute to the dialogue on the present and future form of our cities and regions.

1 A. Besson and T. Broennimann in conversation with the author, EPFL Gina restaurant, Oct. 30, 2019.
2 Philip Johnson, "House at New Canaan, Connecticut", *Architectural Review*, No. 645, 1950, p. 152–159.
3 Oswald Mathias Ungers, *Morphologie/City Metaphors*, Walther König, Cologne, 1982, p. 82–83.
4 Elena Cogato Lanza, "L'urbanistica delle barre. La tradizione ginevrina", in Daniela Ruggieri, Anna Todros (Eds.), *Meyrin, progetto e modificazione dello spazio moderno*, Franco Angeli, Milan, 2009, p. 30–39.
5 Christophe Catsaros, "L'irrévérence contrôlée", *archistorm*, hors-série n° 21, 2016, p. 5.
6 Christophe Catsaros, Adrien Besson, Tarramo Broennimann, "Interview", ibid., p. 9.
7 Term used by group8 in the descriptive text of the Grand-Saconnex project on the architects' website.
8 Ibid.
9 Carantec Project, Ville du Grand-Saconnex, architecture and public space competition, jury report, December 2016, p. 30.
10 Extract from the descriptive text for the Communaux d'Ambilly project on the architects' website.
11 Christophe Catsaros, "L'irrévérence contrôlée", op. cit. p. 5.

Der Entwurf verwandelt ein reines Rechteck in eine komplexere geometrische Form mit «geknickter Umrisskontur», wodurch sich ein organisches Gebilde ergibt. Die Gründe für dieses formale Vorgehen sind vielfältig, der Hauptgrund war jedoch, durch die konkaven Fassaden die enge Verbindung zur umgebenden Vegetation der alten, gewachsenen Landschaft aufzuwerten. Ausserdem war es Ziel, auf der Kammlinie einen Baukörper zu errichten, der mit seinen vielfältigen Facetten als Dreh- und Angelpunkt in der Landschaft fungiert – das Gebäude soll nach allen Seiten gleich ausgerichtet sein, keine Fassade soll in besonderer Weise betont werden. Und schliesslich erzeugt die unregelmässige Volumetrie, die durch die Wiederholung von alternierenden Schichten aus Sandbeton und bronzefarbenen Metallmontierungen akzentuiert wird, einen hohen Wiedererkennungswert. Die Material- und Farbwahl ist an der Umgebung orientiert, vor allem an dem bedeutenden, von Alain Ritter errichteten Bau des Collège Rousseau. Jene Etagen, die Wohnungen beherbergen, sind vom Grund gelöst, um eine private Nutzung des Parks zu verhindern und dem Baukörper eine schwebende Anmutung zu verleihen. Der Grundriss ist strahlenförmig um ein Treppenhaus herum organisiert, das der rein vertikalen Erschliessung dient. Die Eckwohnungen verfügen über eine Loggia, die sich aussen über Wohn- und Esszimmer erstreckt. Das grosszügige Treppenhaus, das sich über neun Etagen zieht, bildet eine Art gesellschaftliche Bühne, welche die Bewohnerschaft vereint.

The project features the metamorphosis of a pure rectangle into more complex geometry, its "folded contour" evoking an organic form. There are many reasons for this formal operation, the first of which is to enhance the close relationship with the surrounding vegetation of the old countryside with concave façades. Secondly, it was important to establish a volume on the crest line that would function as a "pivot" in the landscape, with its multiple facets, as the building had to address all the aspects and not favour any one of them. Finally, its irregular volumetrics, accentuated by the repetition of strata alternating between sand concrete and bronze ironwork, embodies a highly recognisable place. The choice of materiality and shades deliberately aligns itself with those of the neighbourhood, especially the remarkable Collège Rousseau building by the architect Alain Ritter. The inhabited floors are detached from the ground to prevent the privatisation of the park and give the volume a floating base. In a radiating plan arranged around a single vertical distribution cage, large corner apartments enjoy a loggia linking the living room and dining room. A large interior layout, characterised by a hopper that perforates the nine floors, creates a kind of social theatre that connects all the inhabitants.

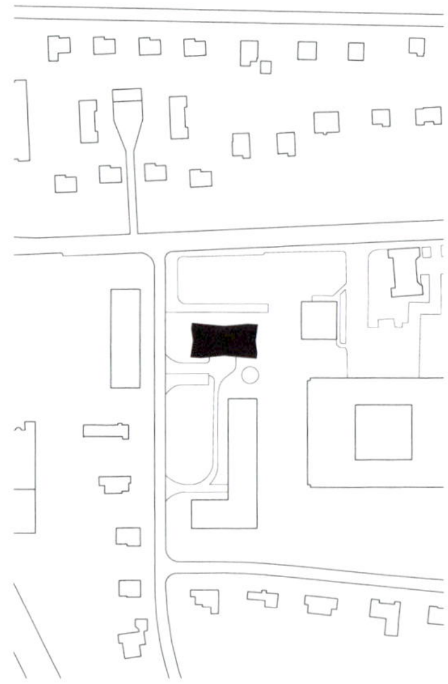

Realisierung: 2017–2019
Entwurf: 2012–2014
Wettbewerb: 2012, Siegerentwurf
Bauherrschaft: Fondation de la Ville de Genève pour le Logement Social (FVGLS)
Bauingenieur: Thomas Jundt ingénieurs civils

Construction: 2017–2019
Project: 2012–2014
Competition: 2012, winning project
Client: Fondation de la Ville de Genève pour le Logement Social (FVGLS)
Civil engineer: Thomas Jundt ingénieurs civils

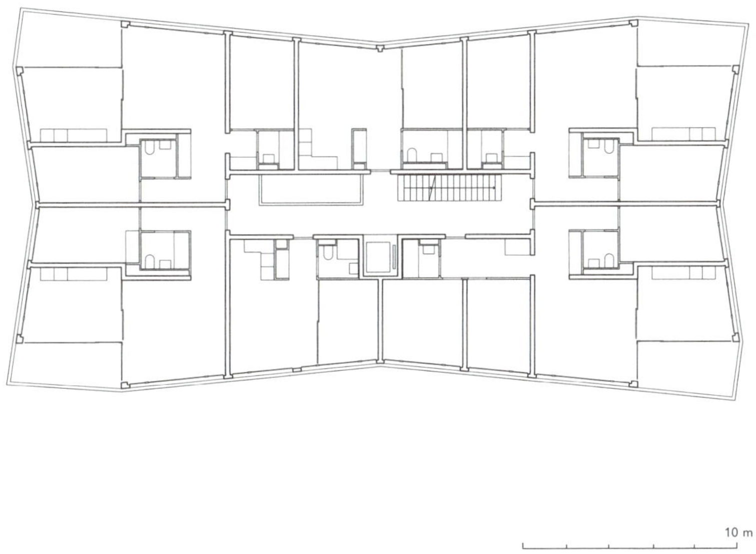
10 m

Das Baugelände zeichnet sich durch seinen bevorzugten Standort aus, der weite Ausblicke auf den Jura bietet und in der Nähe von landwirtschaftlich genutzten Flächen sowie Sportanlagen liegt. Der Turm C1 gehört zu einer Gruppe von drei Gebäuden, die in dem neuen Ökoquartier Les Vergers in Meyrin errichtet wurden. Als regelrechte Galionsfigur steht er an einer Kreuzung und markiert als erster Baukörper den Eingang zu diesem Ballungsgebiet. Die konkave Form seiner geknickten Fassaden ist in erster Linie wie ein geöffnetes Buch zur weiten Landschaft hin ausgerichtet. Sie ermöglicht es zudem, in dem gekrümmten Mittelteil die gesamte Gebäudetiefe einnehmende Wohnungen unterzubringen und in der Knickachse die Eingänge zu den verschiedenen Funktionsbereichen zusammenzufassen. Die Mischnutzung des Gebäudes umfasst mehrere Wohnungskategorien sowie eine Privatklinik. Durch die fragmentierte Fluchtlinie und das natürliche Gefälle des Grundstücks sind zwei unabhängige Eingänge gewährleistet: Der Eingang zu den Wohnungen befindet sich aufseiten der öffentlichen Aussenanlagen des Viertels, der Klinikeingang ist nach Westen hin ausgerichtet, damit er von der Route de Meyrin aus besser einsehbar ist. Die horizontale Gliederung des Baukörpers wirkt rhythmisierend und verleiht dem Ensemble zugleich eine architektonische Einheitlichkeit. Durch das Spiel des einfallenden Lichts auf den vertikal geriffelten, bandförmigen Bauelementen entstehen unzählige visuelle Variationen und Vibrationen.

The distinguishing feature of the site is its special location, offering distant views of the Jura, as well as its proximity to agricultural and sports areas. C1 Tower is part of a series of three high-rise buildings in the new Vergers eco-district in Meyrin. A true figurehead, it is positioned as a pivot at the crossroads and forms the first element marking the entrance to the town. The concave shape of its large folded façades is primarily intended to address the large landscape in the manner of an open book. It also makes it possible to house apartments in the central curved section and to group together the entrances to the various uses along the fold axis. The mixed design comprises several categories of housing as well as a private clinic. The sectional alignment uses the natural slope of the site to provide two independent entrances: one for the apartments facing the external public spaces in the district, and one for the clinic, facing westwards for greater visibility on the side of the road to Meyrin. The volume presents a horizontal structure that sequences it while providing a high degree of architectural unity in the whole, based on the theme of the horizontal strip. The vertically patterned strips produce variations and vibrations with the play of incident light.

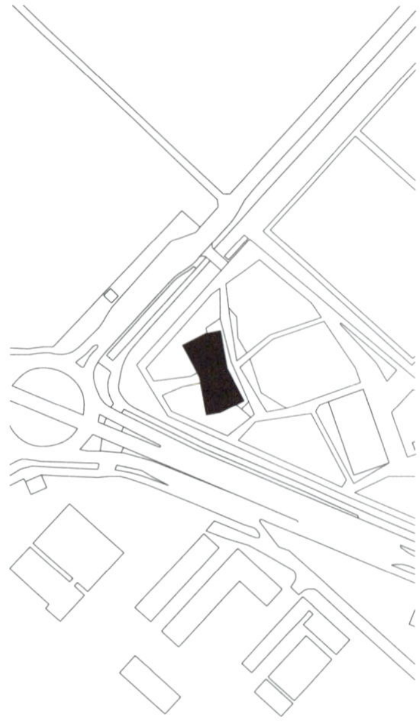

Realisierung: 2015–2018
Entwurf: 2013–2017
Parallelstudienauftrag: 2013, Siegerentwurf
Bauherrschaft: Immobiliengenossenschaft Le Niton, BMG Immobilier
Bauingenieur: MDB Ingénieurs Civils Associés
Fassadeningenieur: BCS

Construction: 2015–2018
Project: 2013–2017
Parallel study contract: 2013, winning project
Clients: Coopérative Immobilière Le Niton, BMG Immobilier
Civil engineer: MDB Ingénieurs Civils Associés
Façade engineer: BCS

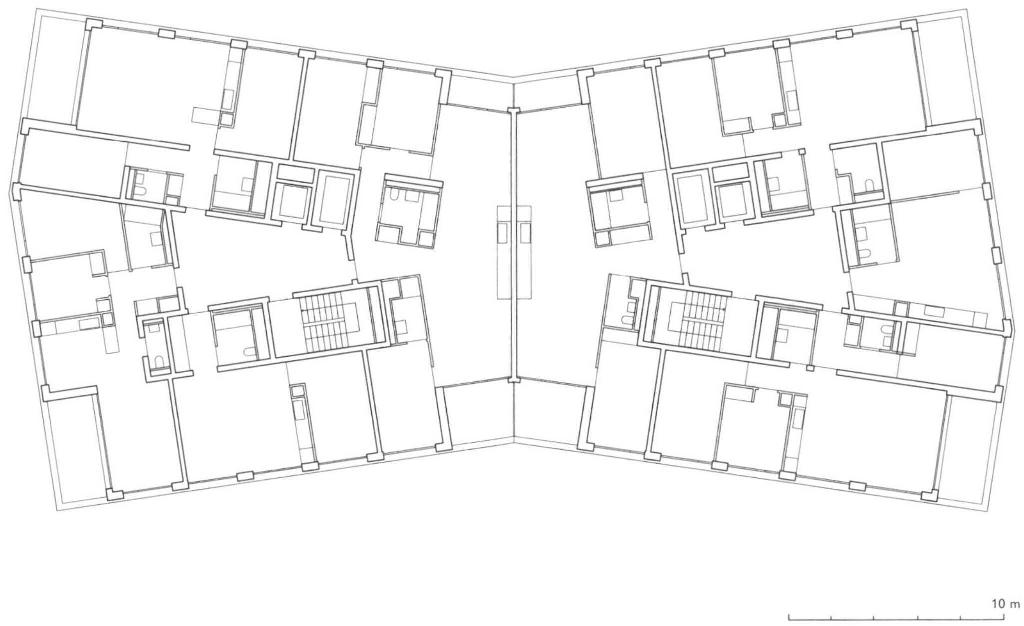
10 m

GEBÄUDE MONTRÉAL FÜR DEN ÖKUMENISCHEN RAT DER KIRCHEN, GRAND-SACONNEX

MONTREAL BUILDING, WORLD COUNCIL OF CHURCHES, GRAND-SACONNEX

Der kubische Wohnbau folgt den Vorgaben des Masterplans «Green Village», der sich aus einer Reihe von ähnlichen Parallelepipeden zusammensetzt, die das Hauptgebäude des Weltkirchenrats umgeben und sich in den landschaftlichen Kontext eines grossen Parks einfügen. Gemäss der für den gesamten Komplex geltenden Bauverordnung weist das Gebäude vertikale Stützen und durchgehende Balkone aus vorgefertigten Elementen auf – deren konstruktive Montage durch das Implementieren von Kragsteinen verdeutlicht wird – und wird von einem filigranen Rasterwerk aus Beton umgeben. Das architektonische Profil orientiert sich frei an dem Gebäude von Henri Lesemann und Honegger Frères (1961–1967), in dem sich Svend Erik Møllers Kapelle befindet. Die Anordnung der Dachstützen bestätigt das von Auguste Perret formulierte Prinzip des *abri souverain* – eines «souveränen Schutzes» –, das heisst einer tempelartig neutralen Konstruktion. Die Fassadenhaut aus bronzefarbenem Blech nimmt ebenfalls auf den Kontext des Bauerbes Bezug. Die Wohnungsgrundrisse sind rund um ein grosszügiges Atrium mit Verteilerfunktion organisiert. Das Innere wird durch einen Lichtschacht und Podeste rund um die Treppenhaustüren skulptural ausgehöhlt. Die Mehrzahl der Wohnungen weist eine Eckloggia auf, die sich vor den Wohnräumen erstreckt und für eine freie Sicht auf den Park und den historischen Garten von Walter Brugger sorgt.

The cubic and regular volume of the housing development is part of the so-called "Green Village" masterplan, consisting of a series of similar parallelepipeds surrounding the main building of the World Council of Churches and set in the landscaped context of a large garden. In accordance with the charter governing the ensemble, the architectural register expresses a filigree concrete grid through vertical pillars and wraparound balconies made of prefabricated elements. Its constructive assembly is obvious through the use of corbels. The architectural outline is freely inspired by Henri Lesemann and Honegger Frères' building (1961–1967) that houses the chapel of Svend Erik Møller: a large order of columns supporting the roof affirms the Perretian theme of sovereign shelter. The treatment of the façades made of bronze-coloured sheet metal also reflects the built heritage context. The matrix of the apartments' floor plan is organised around a vast distributive atrium that excavates the interior in a sculptural fashion, with a skylight and landings centred around the landing doors. Most of the apartments feature a corner loggia that groups together the daytime spaces and enhances the visual clearances on the parc and the historical garden of Walter Brugger.

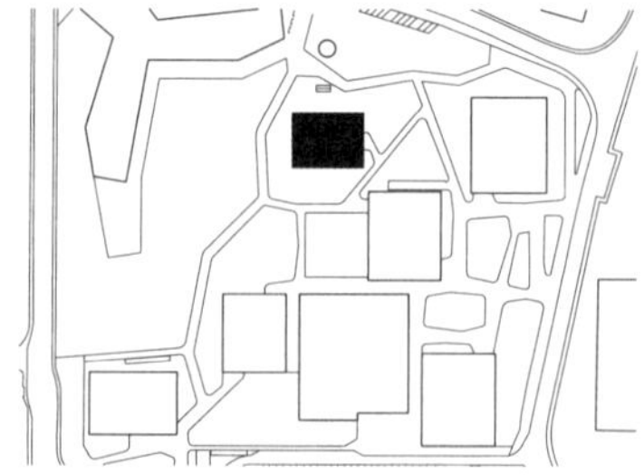

Entwurf: 2018–
Geladener Wettbewerb: 2013, 2. Preis, ex aequo mit Auftrag
Bauherrschaft: Weltkirchenrat (Ökumenischer Rat der Kirchen, ÖRK)
Generalunternehmer: Implenia Suisse
Fassadeningenieur: BCS
Landschaftsarchitektur: Atelier Descombes Rampini

Project: 2018–
Limited competition: 2013, 2nd Prize ex aequo with contract
Client: World Council of Churches
Total contractor: Implenia Suisse
Façade engineer: BCS
Landscape architect: Atelier Descombes Rampini

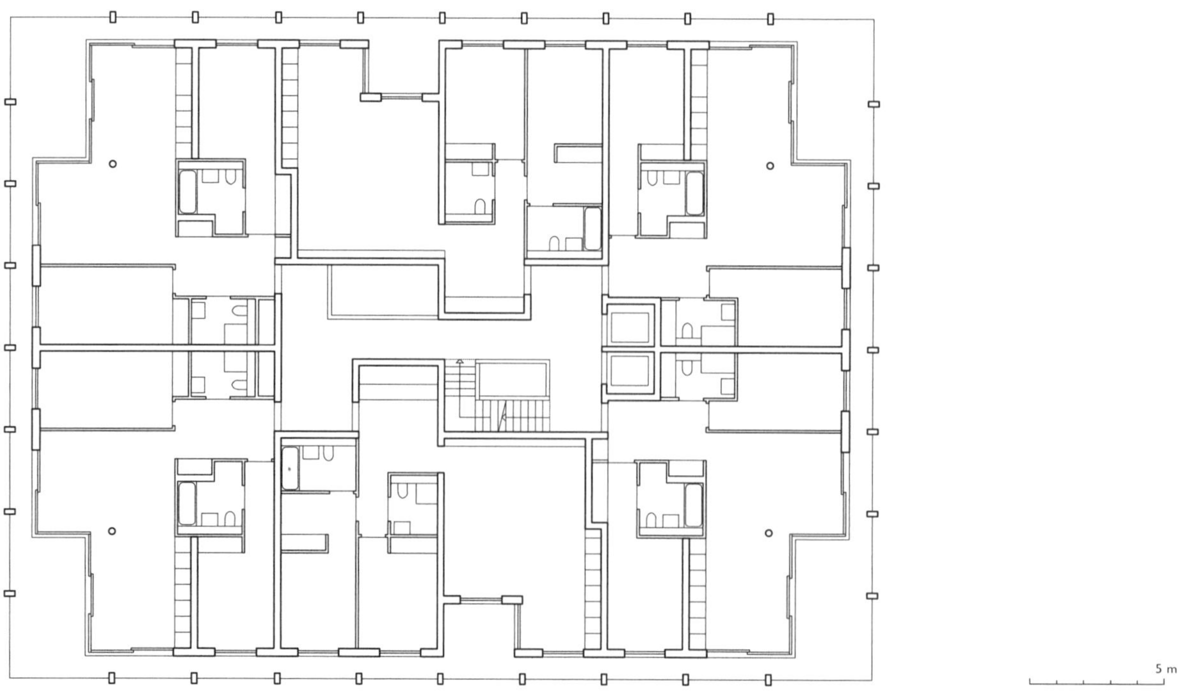

GEBÄUDE SAPHIR UND TOURMALINE, CHÊNE-BOURG

SAPHIR AND TOURMALINE BUILDINGS, CHÊNE-BOURG

Als Pendant zur Bahnstation des Léman-Express, deren Überdachung und Baukörper sich aus der Wiederholung grossformatiger verglaster Einheiten ergeben, wird für die beiden Neubauten auf ein regelmässiges Raster zurückgegriffen, bei dem die Wohnungen im «Etageren-Prinzip» übereinandergeschichtet sind. Die grossmassstäbliche Infrastruktur erfährt durch die modulare Struktur der Gebäude eine Fortsetzung: Massive Stützen werden auf dünnen Platten übereinandergestellt, was dem Gebäude einen städtischen Massstab verleiht. Das spitz zulaufende Ende auf einer Seite des Baukörpers wird durch Hinzufügen einer weiteren Fassadenseite abgemildert, die sich zum Bahnhofsplatz hin öffnet und so auch einen flüssigeren räumlichen Übergang zur neuen Strasse ermöglicht. Die Wohnungen erstrecken sich jeweils über die gesamte Gebäudetiefe, und zwar mit einem offenen Grundriss, dessen Grenzen durch die Betonstützen bestimmt werden. Durch den fliessenden Raumcharakter der Wohnungen werden die gegensätzlichen Charakteristika des Baugeländes erfahrbar: Die grosszügige Esplanade im Norden öffnet sich zu einer grünen Landschaft hin, während im Süden eine Fussgängerstrasse von zwei Häuserfluchten begrenzt wird. Die fortlaufende Arkade im Erdgeschoss trägt ebenfalls zum urbanen Charakter der Strasse bei und bietet den nötigen Platz für verschiedene Eingänge zu den Wohnungen und für die Schaufenster der Geschäfte.

Echoing the Léman Express railway stop, whose roofing and protrusions are the result of the repetition of large-format glass units, the two new buildings take on the architectural style of a regular grid sheltering the domestic design of apartments in the manner of "urban shelves". The large scale of the infrastructure is extended into the modularity of the building structure, achieved simply by superimposing massive pillars on thin slabs, thus creating the urban scale of the building. The layout proposes a softening of the tip by providing an additional face that opens onto the station square, thus giving more fluidity to the spatial flow with the new street. The apartments' design is based on an open space, punctuated by events housed between concrete pillars. The fluid space of the apartments thus benefits from the contrasting characteristics of the site, i.e. a vast esplanade to the north providing views onto a green landscape and a pedestrian street to the south defined by two urban alignments. On the ground floor, a continuous arcade confirms the urban status of the street and provides a sheltered space with various entrances for the apartments and showcases of the shops.

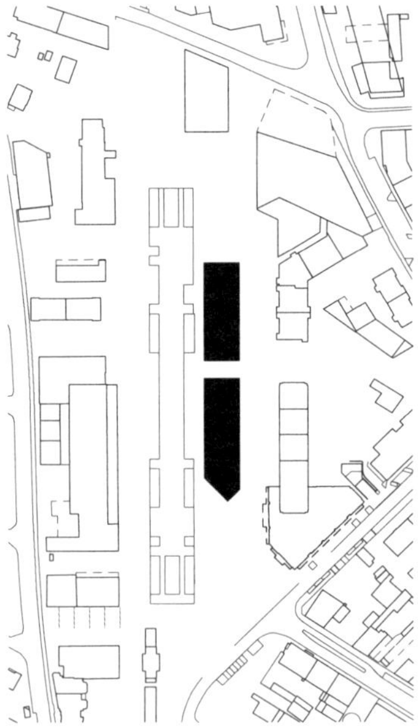

Realisierung: 2019–
Entwurf: 2014–2020
Wettbewerb nach Vorauswahl: 2014, Siegerentwurf
Bauherrschaft: Valorisation immobilière éthique (Saphir), Fondation Nicolas Bogueret (Tourmaline)
Generalunternehmung: Pillet SA (Saphir)
Bauingenieur: Pillet SA (Saphir), ab ingénieurs (Tourmaline)

Construction: 2019–
Project: 2014–2020
Pre-selection competition: 2014, 1st Prize
Clients: Valorisation immobilière éthique (Saphir), Fondation Nicolas Bogueret (Tourmaline)
Total contractor: Pillet SA (Saphir)
Civil engineer: Pillet SA (Saphir), ab ingénieurs (Tourmaline)

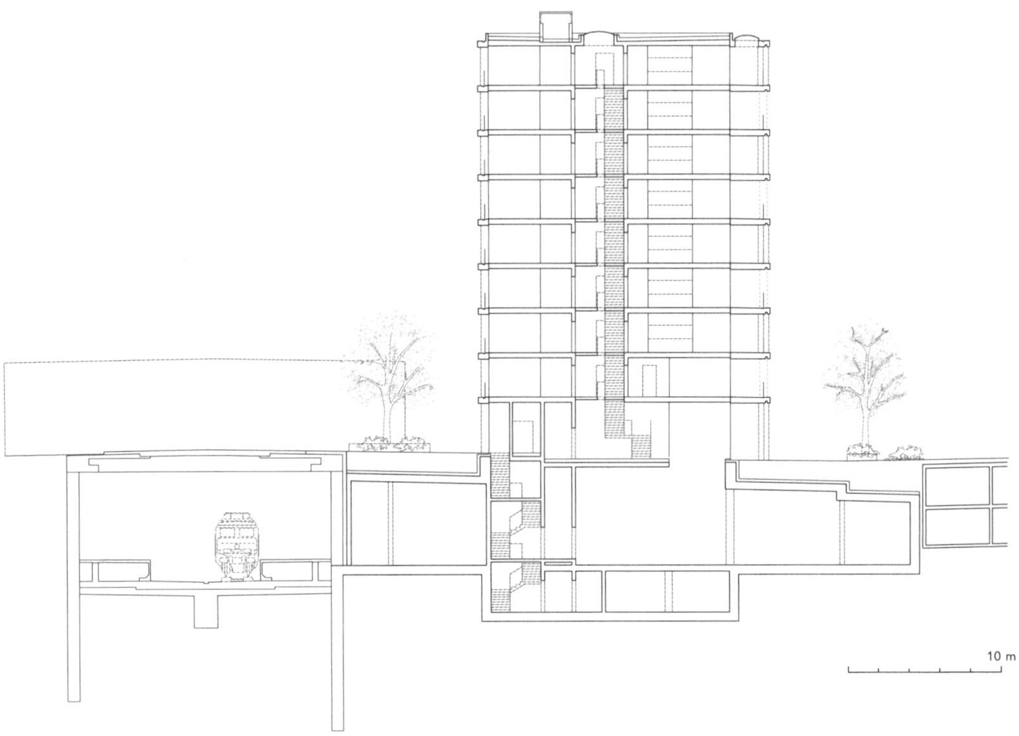

20 m

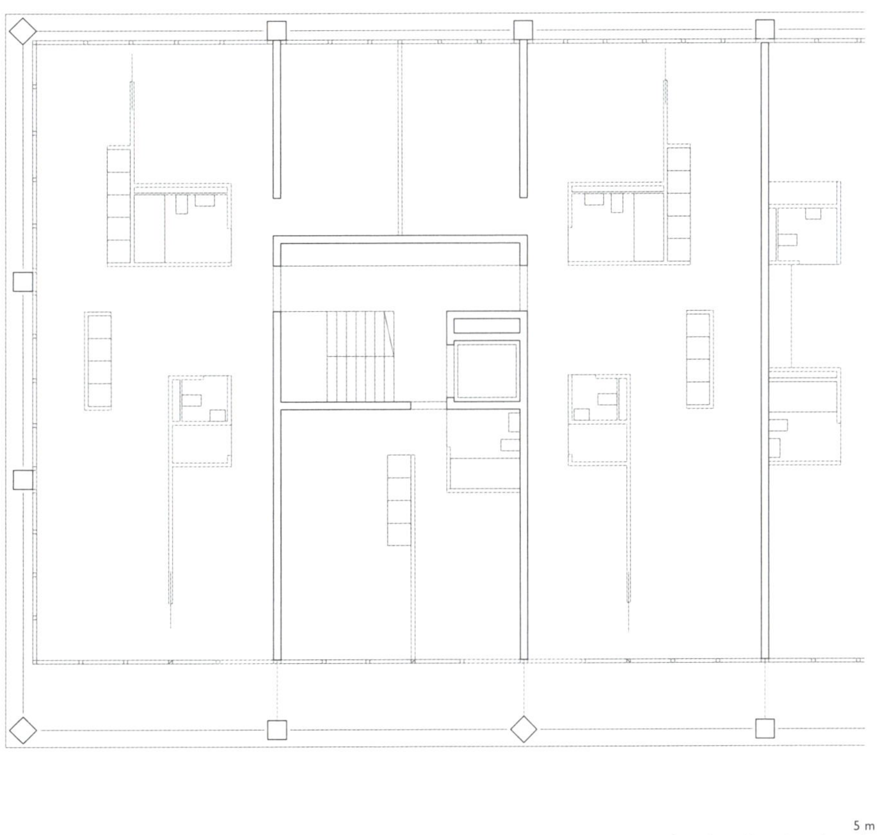
5 m

Die Baumassnahme diente der Wiederbelebung eines Bürogebäudes: Durch den Umbau der Gemeinschaftsräume sollte es attraktiver gemacht und ausserdem seine Nutzung erleichtert werden. Die geschaffenen Blickachsen zwischen den Gemeinschaftsräumen sorgen für Momente der Begegnung und Teilhabe. Im Zentrum des Grundrisses wurde ein Raum von dreifacher Höhe geschaffen. Durch ihn ergeben sich visuelle Verbindungen zwischen Lobby, Restaurant, Bar und den neuen Co-Working-Bereichen. Zudem dringt durch ihn Tageslicht in die im Untergeschoss gelegenen Räumlichkeiten. Der zu einem baumbestandenen Garten umgestaltete Innenhof ermöglicht in einem friedlichen und zugleich stimulierenden Umfeld Momente der Ruhe. Dank der Einführung von Holz als neuem Material herrscht in den Räumen nun eine einladende und warme Atmosphäre.

The operation involves revitalising an office building to make it more attractive by transforming the common spaces and allowing easier appropriation by the user. The creation of cross views between the common spaces ensures new moments of meeting and sharing. By positioning a triple-height room in the centre of the plan, the new visual perspectives connect the lobby, the restaurant, the bar and the new "co-working" areas. This room also allows natural light to enter the basement areas. The conversion of the inner courtyard into a tree-lined garden creates moments of respite in a soothing and stimulating setting, while the introduction of a new material such as wood makes the spaces more convivial and warmer.

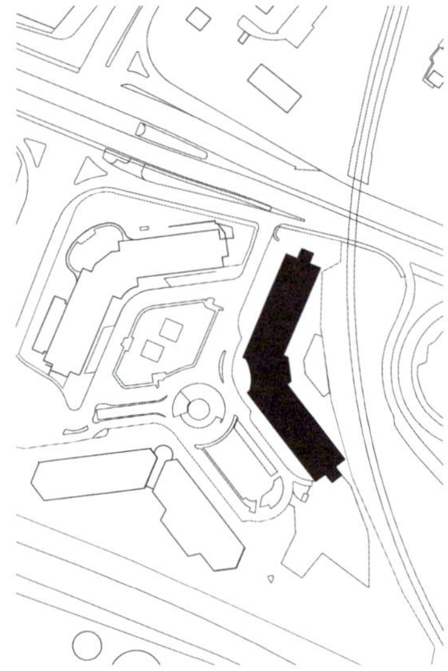

Realisierung: 2018–2019
Entwurf: 2017–2018, Direktauftrag
Bauherrschaft: Swiss Life REIM
Bauingenieur: Perreten et Milleret
Innenarchitektur: YKRA
Landschaftsarchitektur: Oxalis

Construction: 2018–2019
Project: 2017–2018, direct contract
Client: Swiss Life REIM
Civil engineer: Perreten et Milleret
Interior designer: YKRA
Landscape architect: Oxalis

Das Gebäude steht in exponierter Lage an der Südostecke der Parzellen, die der EPFL vorbehalten sind. Der Entwurf sieht die Ausnutzung dieser Ecksituation durch Gebäudefluchten sowohl an der Süd- als auch an der Ostfront vor. Der Neubau beherbergt verschiedenste Nutzungsbereiche, die nach einem Schichtprinzip verteilt sind. Jedes Geschoss weist ähnlich einem Stapelungssystem seine eigene Grundrisslogik auf. Auf diese Art und Weise passt sich jede Typologie der jeweiligen Nutzung an, ohne dass sie durch die Logik der anderen Etagen eingeschränkt wäre. Diese Anpassung erlaubt eine programmatische Verteilung, die auf den jeweiligen Ebenen den direkten Zugang zu den Aussenanlagen ermöglicht.

Im Erdgeschoss befinden sich, rund um einen baumbestandenen Innenhof angeordnet, die Kindertagesstätte, die Kinderkrippe, die Verwaltung und die Cafeteria. In der ersten Etage sind die drei Einheiten der Säuglingsbetreuung untergebracht. Die beiden oberen Geschosse beherbergen die Räume der Wissenschaftsförderung sowie die Räumlichkeiten der EPFL. Die Schichtung der einzelnen Stockwerke manifestiert sich optisch durch ein System aus herauskragenden Betonbodenplatten und -brüstungsbändern, welche die holzverkleideten Fassaden vor Witterungseinflüssen schützen und in der Sommerzeit Schatten spenden. Diese sind in der Ebene gegeneinander verschoben, sodass sich ein symbolträchtiges markantes Erscheinungsbild ergibt, das der Lage des Gebäudes auf dem Gelände der EPFL entspricht. Das Stapelungsprinzip trägt auch der geforderten Flexibilität Rechnung, denn der Baukörper kann – unter Fortführung der angewandten Systemlogik – um weitere zwei Geschosse aufgestockt werden.

The site occupies a special position at the southeastern corner of the plots dedicated to EPFL. The project proposes to build along this angle with alignments along the southern and eastern face. The new building will house a variety of premises, developed on the principle of superimposition. Each floor benefits from its own plan logic, in the manner of a stack. In this way, each typology is geared to the design without being constrained by the logic of the other floors. This adjustment allows for a layout distribution, giving direct access to the exterior facilities on the same levels. On the ground floor, arranged around a patio with trees, are the day care centre, the crèche, the administration and the cafeteria, while the three nursery units are based on the first floor. The two upper floors host the Science Promotion Service and the EPFL premises. The overlay of the floors is created by a system of concrete slabs and bands protecting the wood-paneled façades from the weather and providing shade during the summer period. The offsets create an emblematic image and identity matching the position of the building on the EPFL site. This stacking principle is also adapted to the requested degree of flexibility: the building can be raised by two levels, continuing the logic of the system used.

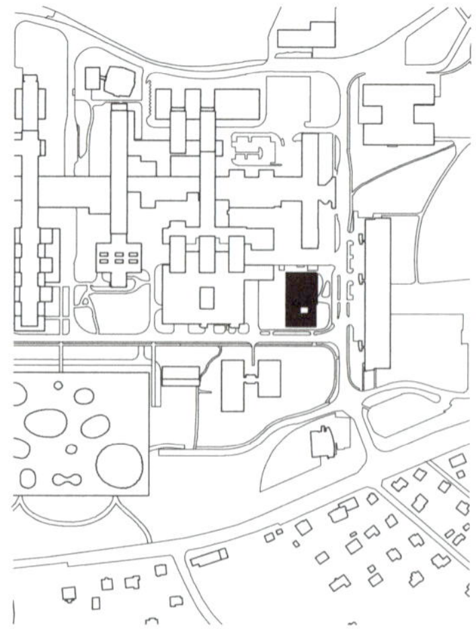

Realisierung: 2016–2018
Entwurf: 2015–2017
Ausschreibung: 2015, Siegerentwurf
Bauherrschaft: École polytechnique fédérale de Lausanne (EPFL)
Generalunternehmung: Marti Construction
Bauingenieur: Schopfer et Niggli
Landschaftsarchitektur: L'Atelier du Paysage Jean-Yves le Baron

Construction: 2016–2018
Project: 2015–2017
Tender process for total contractor: 2015, winning project
Client: École polytechnique fédérale de Lausanne (EPFL)
Total contractor: Marti Construction
Civil engineer: Schopfer et Niggli
Landscape architect: L'Atelier du Paysage Jean-Yves le Baron

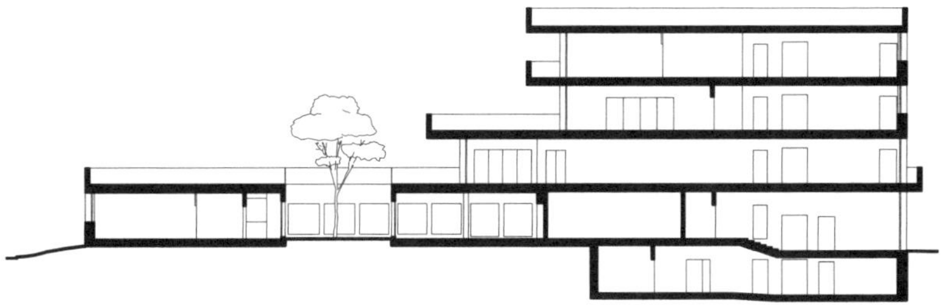

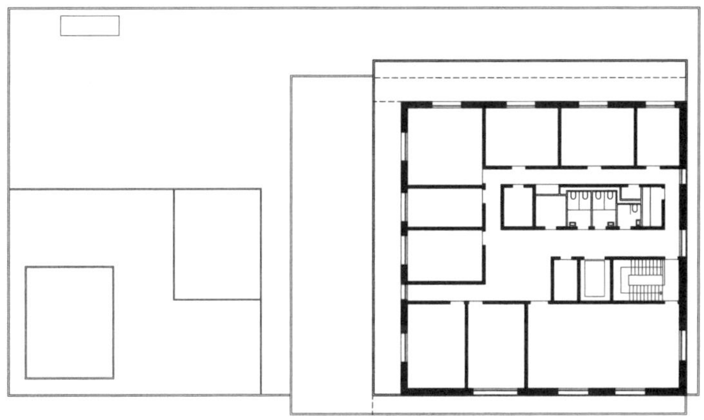

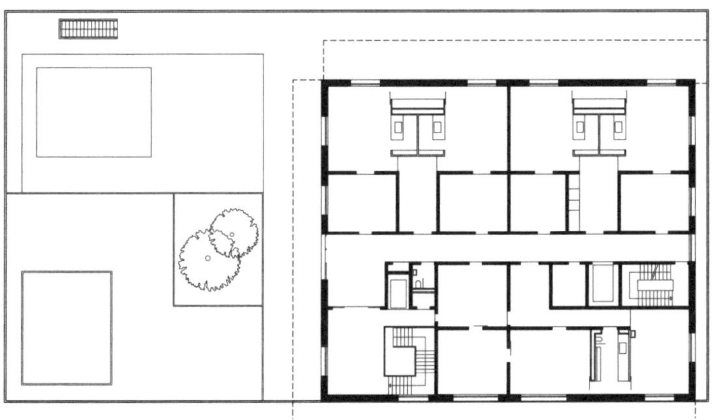

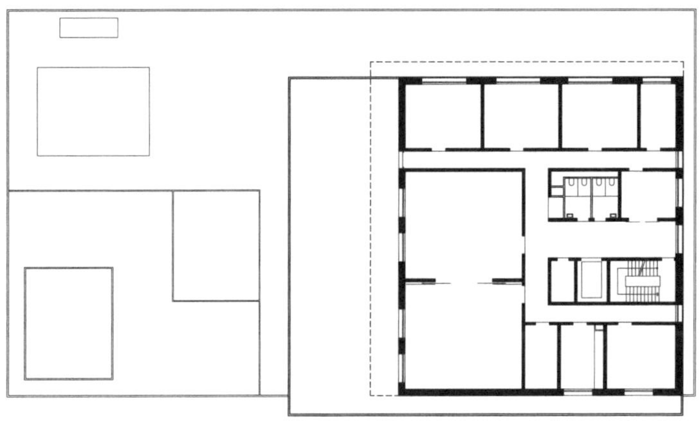

ERWEITERUNG DER HOCHSCHULE FÜR GESUNDHEIT, GENF

EXTENSION OF THE HAUTE ÉCOLE DE SANTÉ DE GENÈVE

Mit der Integration des Gebäudes in das bestehende Ensemble wird ein Gleichgewicht angestrebt. Zwei aufeinanderfolgende Rücksprünge in der Gebäudeflucht ermöglichen mehr Raum für einen Park mit dichter Vegetation. Die Form der unbebauten Freifläche entspricht dabei der Form der bebauten Fläche, wobei beide wie bei einer Hakenblattverbindung ineinandergreifen. Durch diese Anordnung kann einerseits der Berührungspunkt der Schulgebäude minimiert und andererseits ihre Beziehung untereinander rund um den Park maximiert werden – die Eingänge sind durch ein Wegenetz miteinander verbunden.

Der Baukörper mit seinem halb ins Erdreich eingelassenen Steinsockel beherbergt sowohl öffentliche als auch schulische Funktionen in einer Holzkonstruktion. Der Grundriss ist um eine grosse Innentreppe herum organisiert, die das Herzstück der Schule darstellt – ein Ort der Begegnung. Die Bereiche mit unmittelbarem Blickkontakt zu den Bäumen stehen als Studienplätze zur Verfügung. Das traditionell verwendete Bauholz erzeugt in erster Linie eine besondere Innenraumatmosphäre, bringt zudem aber auch die Geschichte seiner Konstruktion durch das Zusammenfügen einzelner Elemente zu einem grossen Gerüst zum Ausdruck. Die Fassade setzt sich aus umlaufenden Fensterbändern und durchgehenden Brüstungen aus glasierten Keramikleisten, die im Einklang mit der baumbestandenen Umgebung stehen, zusammen.

The insertion of the building into the site seeks a position of equilibrium. Two successive alignment recesses free up the space of a park that enhances the vegetation face. The figure of the void is equivalent to the figure of the building, in the manner of a wooden assembly "with a splayed indent joint". This arrangement makes it possible, on the one hand, to minimise the point of contact of the school buildings and, on the other hand, to maximise their relationship around a park that brings the entrances together via a network of paths. The mineral base, which is semi-submerged in the terrain, includes the public access, while the study areas are pooled in an upper wooden construction. The floor plan is arranged around the internal figure of a large staircase that identifies the heart of the school and embodies the movement and meeting area. Each corner of the recesses, in visual contact with the trees, is available as a place of study. Used "as is", the structural wood contributes initially to producing an interior atmosphere, and then tells the story of its construction by assembling it into a large framework. The façade is made up of alternating bands of glazed and spandrel strips covered with glazed earthenware battens, which resonate with the setting's tree structure.

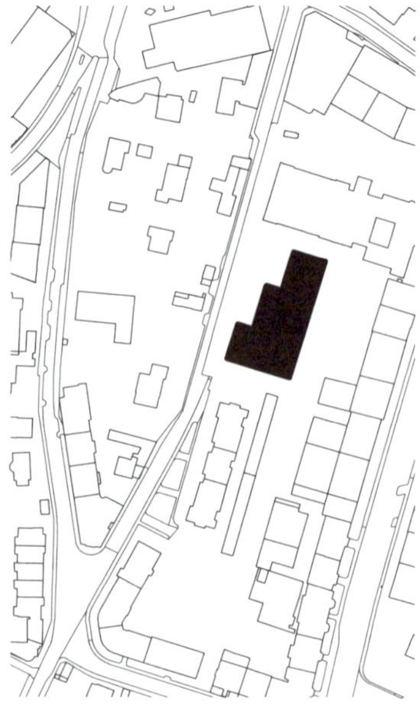

Entwurf: 2016–
Wettbewerb mit einstufigem Auswahlverfahren: 2015, Siegerentwurf
Bauherrschaft: Kanton Genf
Bauingenieur: ingegneri pedrazzini guidotti
Landschaftsarchitektur: Studio Vulkan Landschaftsarchitektur

Project: 2016–
Single-stage selective competition: 2015, 1st Prize
Client: Canton of Geneva
Civil engineer: ingegneri pedrazzini guidotti
Landscape architect: Studio Vulkan Landschaftsarchitektur

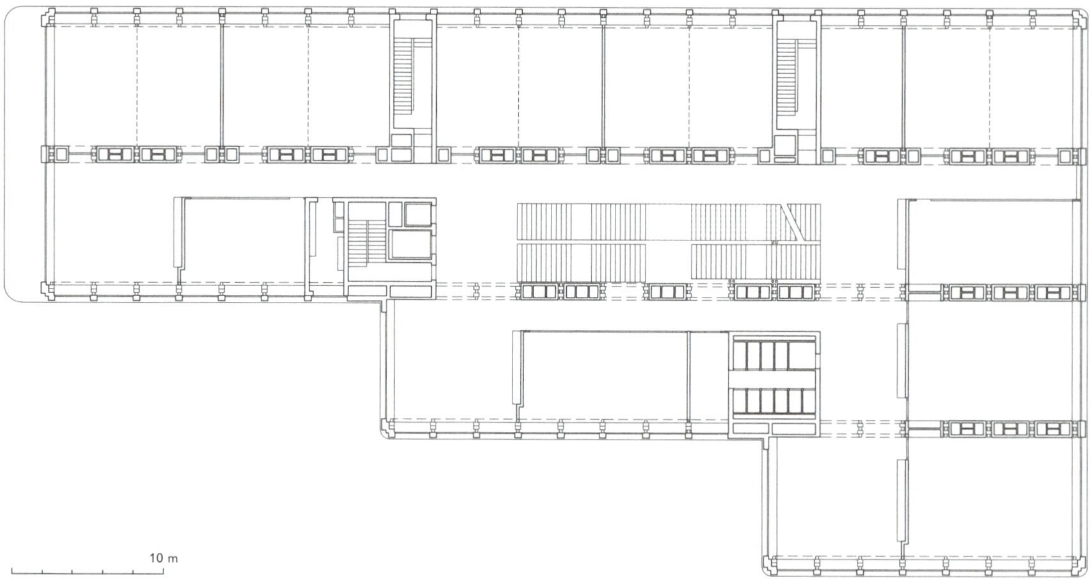
10 m

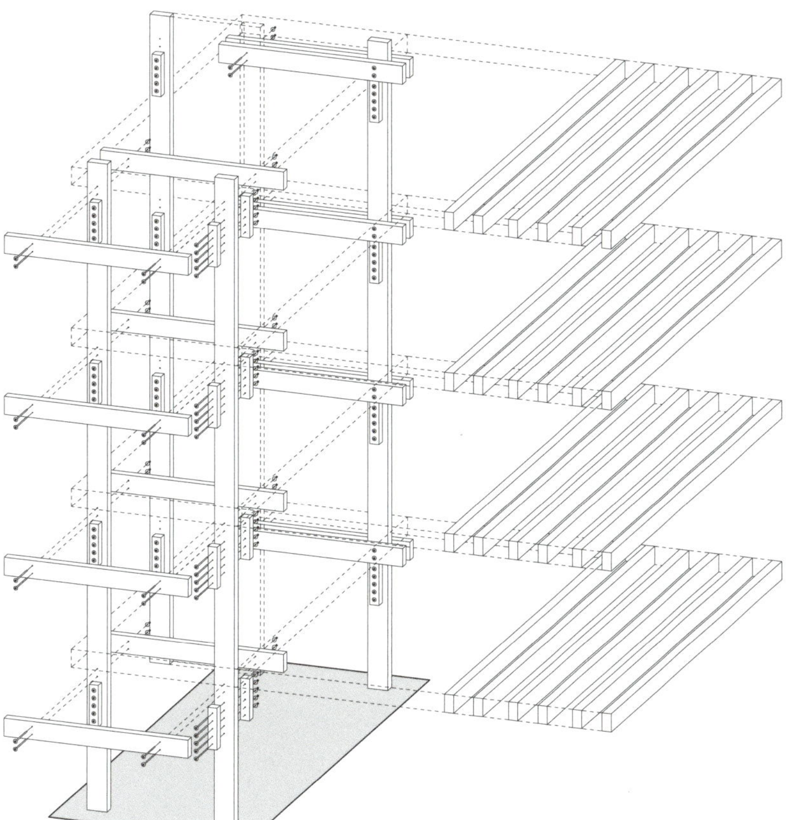

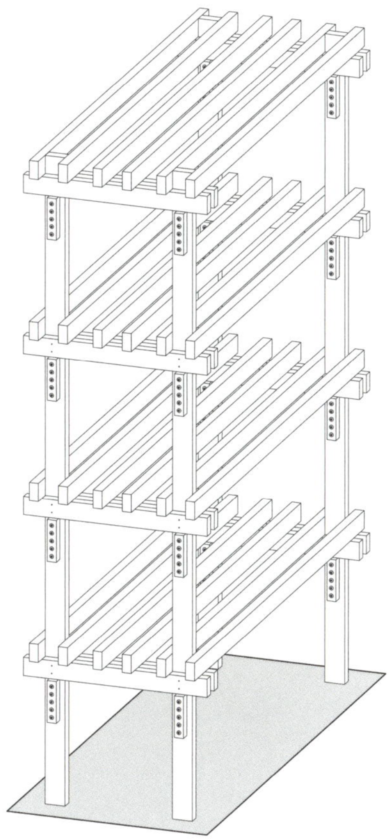

URBAN PICTURESQUE, THÔNEX

Dieses Stadtplanungsprojekt, das anlässlich der Stadtteilentwicklung A3 der Communaux d'Ambilly realisiert wurde, setzt auf eine typomorphologische Untersuchung durch Parametrisierung anstatt auf klassische Kompositionswerkzeuge. Die Realisierung erfolgte in Zusammenarbeit mit dem Büro Kaisersrot, das damals seinen Sitz an der ETH Zürich hatte. Die Datenverarbeitung erfolgte mittels eines eigens auf das Projekt zugeschnittenen Computeralgorithmus, der auch spezifische Parameter einschloss.

Das Abrücken von einem Raster zugunsten eines eher «pittoresken» Systems spricht dafür, ein Instrument nicht als Sache an sich darzustellen, sondern vielmehr als ein System von Beziehungen ohne eindeutige Gesichtspunkte.

Die Volumetrie der unterschiedlich hohen Gebäude minimiert die Schlagschatten zwischen den Baukörpern und den Freiflächen. Der Ausrichtung der Hauptfassaden nach Süden wurde dabei der Vorzug gegeben, um ein aktives Fassadensystem anwenden zu können und eine natürliche Versorgung mit Tageslicht in den Wohnungen zu fördern.

Die öffentlichen Räume wie Park, Hof, Wald und die randständige Freifläche sind als separate Themenbereiche konzipiert. Mit dieser Strategie sollte der Versuchung einer «Form um der Form willen» getrotzt werden. Das gewählte Bild entspricht der maximalen Sonneneinstrahlung in jeden Raum.

This urban project, carried out as part of the development of the urban block A3 of the Communaux d'Ambilly, is a typo-morphological quest outlining parameters rather than with the classical principles of composition. Completed in collaboration with the Kaisersrot office, then based at the ETHZ, the data was processed using a custom-designed computer algorithm including specific parameters. Abandoning the grid in favour of a more "picturesque" system advocates not presenting an object as a thing in itself, but rather as a system of relationships with no unique points of view. The buildings with differing heights minimise the loss of light between buildings and open spaces. The southern aspect of the main façades is favoured to apply an active façade principle and promote natural light in the dwellings. Public spaces such as the park, the courtyard, the forest and the empty space at the boundary are designed as special themes. This strategy aims to thwart the temptation of "form for form's sake". The image chosen is one that provides the maximum amount of sunlight in each room.

Auftrag zu einer Parallelstudie: 2008
Bauherrschaft: Batima (Schweiz) SA, C2I, Kanton Genf, Gemeinde Thônex
Stadtplanung: Feddersen & Klostermann
Mobilitätsingenieur: mrs partner
Bauingenieur: Reuss engineering
Programmierung: Kaisersrot

Parallel study contract: 2008
Clients: Batima (Suisse) SA, C2I, Canton of Geneva, Municipality of Thônex
Urban planning: Feddersen & Klostermann
Mobility engineer: mrs partner
Civil engineer: Reuss engineering
Software design: Kaisersrot

GRANDS ESSERTS, VEYRIER

Die grossartige Landschaft, die Arve, der Waldrand und das Plateau von Vessy sind die wesentlichen Eckpunkte, welche die Einbettung des neuen Quartiers in die Gemeinde Veyrier bestimmen. Die natürlichen Qualitäten des Geländes werden aufgewertet und geben den Rhythmus der städtischen Gestaltung vor. Die Partien, die am Waldrand liegen, «durchmischen» sich mit der Natur, um den Dialog mit den landwirtschaftlichen Flächen zu fördern. Durch die Definition eines Rasters, das Bestehendes respektiert und zur Geltung bringt, indem es sich ausgehend von den aktuellen Gliederungsachsen entwickelt, wird das Quartier in mehrere städtische Räume unterteilt, wobei die Öffnungen zur grossartigen Landschaft hin erhalten bleiben. Das Viertel wird so in die natürliche, historische und kulturelle Kontinuität des Geländes eingebettet. Es öffnet sich zu seinem Umfeld hin und fördert den Austausch sowie die Begegnung und ermöglicht dabei verschiedene Atmosphären und Lebensweisen. Die städtischen Räume entwickeln sich in verschiedenen Privatheitsgraden. Sie sind allesamt dem Bemühen geschuldet, sich an die lokalen Bedingungen des Geländes anzupassen. Der Übergang zwischen privaten und öffentlichen Räumen erfolgt durch einen sukzessiven Wandel des Ambientes – von gemeinschaftlich und städtisch bis hin zu individuell und privat.

The broad landscape, the River Arve, the riverside and the Vessy plateau are the essential features of the integration of the new district into the town of Veyrier. The site's natural qualities are enhanced and add their rhythm to the urban organisation. Nature thus intervenes in areas along the riverside to encourage dialogue with the agricultural fields. The definition of a grid that respects and enhances what exists, by developing from the current structural axes, divides the site into several urban sections, creating openings to the broad landscape. It is thus integrated into the natural, historical and cultural continuity of the site. The district is open to its surroundings and encourages exchanges and encounters, while offering a variety of atmospheres and lifestyles. The urban sections are arranged with varying degrees of privacy and with a focus on adapting to the local conditions of the site. The transition from the private to the collective domain, in particular, has been achieved by a sequence of atmospheres going from the most communal and urban to the most individual and residential.

Städtisches Projektmanagement im Rahmen einer multidisziplinären Gruppe
Entwurf: 2012–2015
Bauherrschaft: Kanton Genf, Gemeinde Veyrier
Mobilitätsingenieur: mrs partner
Landschaftsarchitektur: Paysagestion

Urban project management in multi-disciplinary group
Project: 2012–2015
Client: Canton of Geneva, Municipality of Veyrier
Mobility engineer: mrs partner
Landscape architect: Paysagestion

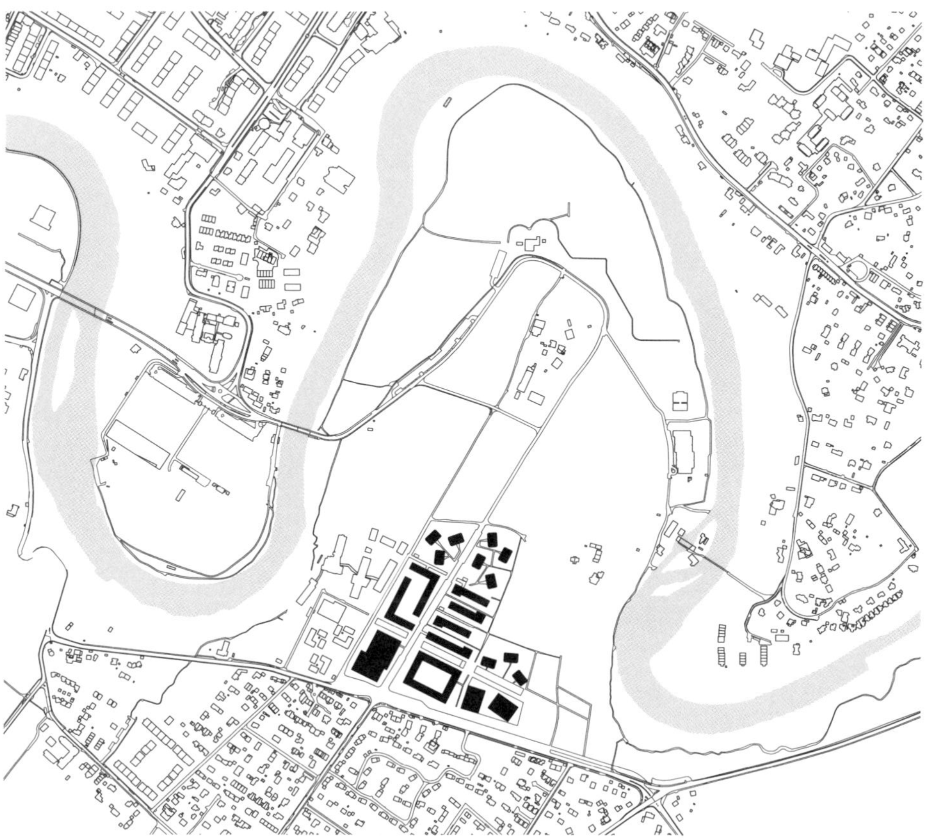

BULLE STATION PLATEAU

Die Requalifizierung der Bahngleise des Bahnhofs in Bulle erfordert einen Standortwechsel des Bahnhofsgebäudes sowie eine Neugestaltung des Bahnhofsplateaus, auf dem bislang der Bahnhofsbereich sowie ein Industriegebiet angesiedelt waren. Der Entwurf sieht eine Erweiterung des Stadtzentrums vor; durch die Verbindung zwischen dem neuen Bahnhofsplateau und den städtischen Hauptelementen wie historisches Zentrum, Marktplatz und Rue Albert-Rieter soll eine neue Kontinuität entstehen. Die Rue Albert-Rieter erhält im Entwurf die Funktion einer Hauptachse, die diese städtischen Fixpunkte an den neuen Bahnhofsplatz anbindet. Dieser neue Platz, der von zwei Gebäuden begrenzt wird, avanciert zum Dreh- und Angelpunkt des Entwurfs und ist identitätsstiftend für den neuen Bahnhof. Auf der anderen Seite der Bahngleise wird das Viertel La Remise durch eine Abfolge von Plätzen und öffentlichen Räumen entlang der Gleise an das existierende Stadtgefüge angebunden. Die drei offenen Blöcken ähnelnden Baukörper, die in einem Park gruppiert sind, werden Wohnungen beherbergen.

Upgrading the railway tracks at the Bulle station involves relocating the station building and redeveloping its plateau, currently occupied by the railway area and an industrial estate. The project foresees the expansion of the town centre; it establishes a new continuity by creating a link between the new station plateau and the major urban entities, which are the historical centre, the market square and Rue Albert-Rieter. Rue Albert-Rieter becomes the main axis of the project, linking these urban entities to the new station square. The latter, featuring two buildings, will become the new major interchange hub in the project and the identity of the new station. On the other side of the railway tracks, the Remise district is connected to the existing fabric by a succession of squares and public spaces along the tracks. The three built-up sections arranged inside a park will house the residential units in the manner of open blocks

Parallelstudienauftrag: 2014–2016, Siegerentwurf
Bauherrschaft: Freiburgische Verkehrsbetriebe (Transports publics fribourgeois TPF), Gemeinde Bulle, private Eigentümerschaften
Landschaftsarchitektur: Hager Partner
Stadtplanung: Plarel

Parallel study contract: 2014–2016, 1st Prize
Clients: Transports publics fribourgeois (TPF), Municipality of Bulle, private ownership
Landscape architect: Hager Partner
Urban planning: Plarel

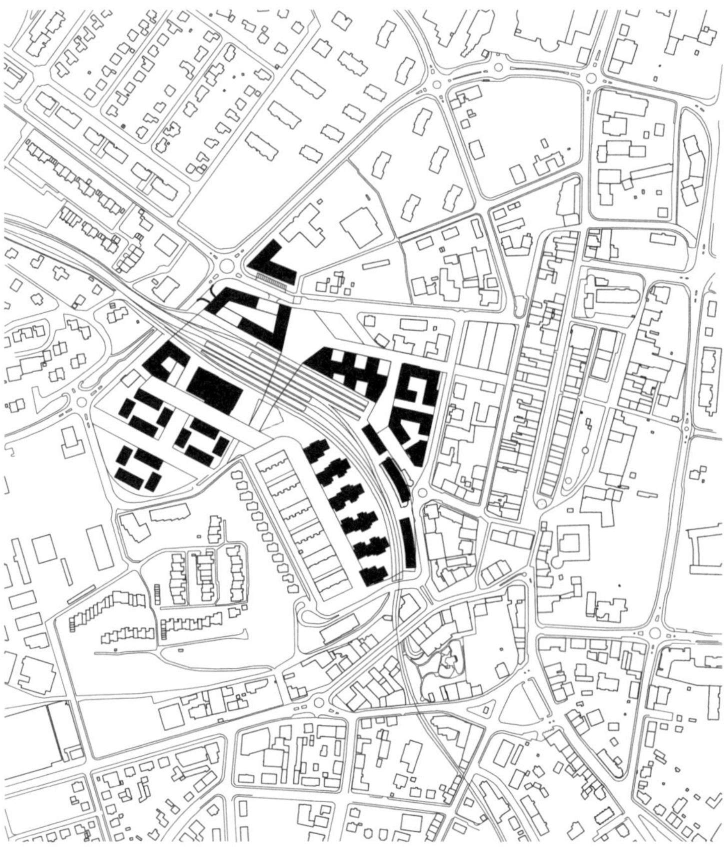

Das Durchbrechen des städtischen Gepräges durch die Ansiedlung zweier elliptischer Baukörper ermöglicht auf flexible Art und Weise eine Verbindung der Front der Strassenkreuzung mit dem Areal des Wohnparks durch ein identitäres Ensemble ohne jegliche Monumentalität. Die Zwillingstürme bilden ein untrennbares Gebäudepaar – und das trotz ihrer ganz unterschiedlichen Zweckbestimmung als Hotelanlage einerseits und Verwaltungsgebäude andererseits. Die beiden Bauten sind nebeneinander an einer Kuppe positioniert und definieren einen baumbestandenen Platz, der den öffentlichen Zugang zum Nordteil des Viertels Surville bildet. Dieser aussergewöhnliche Platz wurde in Bezug auf seine Dichte durch einen Nutzungsplan völlig neu gestaltet, wobei dem Altbestand der Vegetation ein hoher Stellenwert eingeräumt wurde. Wie eine Terrasse über Genf bieten die oberen Geschosse einen schönen Ausblick auf die Stadt und die umliegende Landschaft. Der architektonisch einheitliche Ausdruck der aus Fertigbetonteilen bestehenden Fassaden wird durch den Rhythmus der Stützen und die Wiederholung der Vorsprünge garantiert, welche die einzelnen Geschosse kennzeichnen und die Kontur der Ellipsen umschreiben. Die Gebäude weichen entsprechend ihrer Nutzung in leichten Nuancen voneinander ab: grosse Fenster in den Büros und nach Süden ausgerichtete Balkone bei den Wohneinheiten.

Resolving the urban situation by installing two oval shape buildings allows the front of the road junction to be linked to the space of the inhabited park in a flexible manner, by means of a set of identity indicators that are not too monumental. The "twin towers" are inseparably linked, despite the fact that they are used for quite different purposes: hotel residences on the one hand and administrative buildings on the other. The two buildings, aligned at the ledge, mark out a tree-lined square that provides public access to the northern part of the Surville neighbourhood, an exceptional site whose density has been entirely redefined by a land-use plan that gives pride of place to the plant heritage. On a balcony overlooking Geneva, the upper floors provide views of the city and the distant landscape. The uniform architectural expression of the façades made of prefabricated concrete elements is guaranteed by the rhythm of the pillars and the repetition of the elevations, which mark the levels and outline the ellipses. Using slight nuances, the buildings are embedded in line with the zoning assignment and in the context, including large glazing for the offices and south-facing balconies for the housing units.

Entwurf: 2013–
Auftrag zu einer Parallelstudie: 2013, Siegerprojekt
Bauherrschaft: C2I (Städteplanung), Artisa Microliving SA (Gebäude 1), CPSA (Gebäude 2)
Bauingenieur:
Thomas Jundt ingénieurs (Gebäude 1), Perreten et Milleret SA (Gebäude 2)
Landschaftsarchitektur: Oxalis

Project: 2013–
Parallel study: 2013, 1st Prize
Clients: C2I (urbanism), Artisa Microliving SA (Building 1), CPSA (Building 2)
Civil engineer: Thomas Jundt ingénieurs (Building 1), Perreten et Milleret SA (Building 2)
Landscape architect: Oxalis

CARANTEC, GRAND-SACONNEX

Die Route de Ferney, eine der Hauptachsen des Entwurfs, wird von einer Reihe von Gebäudekomplexen – Budé, Plein-Soleil und Morillon-Parc – sowie von dichten städtischen Räumen mit durchgehenden Fronten gesäumt. Diese werden von grossen bewaldeten Grünstreifen getrennt. Hier geht die Architektur mit weiten Blickachsen und grosszügigen Freiflächen eine physische Beziehung zur Natur ein. Der Entwurf fügt sich in diese Kontinuität und bildet eine Verbindung zum Ort Le Grand-Saconnex. Die städtische Form folgt dem zugrundeliegenden Serpentinengelände und erzeugt eine Silhouette mit unterschiedlichen Höhenniveaus, was für eine Öffnung des Raumes sorgt und der Mehrzahl der Wohnungen einen freien Blick garantiert. Zudem trägt sie zur Definition zweier Formen öffentlichen Raums bei: Platz und Park. Der Platz wird durch eine Abfolge von Enfiladen gebildet und durch das bestehende «Ärztehaus» gegliedert. In der Verlängerung des Parc des Délices bildet die neue, linear organisierte Grünanlage eine Promenade aus, die das Projektgelände in seiner ganzen Länge durchmisst. Die städtische Form favorisiert durchgehende, nach zwei Richtungen orientierte Wohnungstypologien mit Eckloggien. Auf diese Weise kann bis tief ins Innere der Wohnungen Tageslicht eindringen. Die homogene Tektonik der Architektur zielt auf ein städtisches Ensemble ab.

The Route de Ferney, one of the project's defining elements, is bordered by a series of ensembles such as Budé, Plein-Soleil and Morillon-Parc. They are all dense urban sites with continuous fronts, separated by wide wooded cordons where the architecture engages in a physical relationship with nature, distant views and generous open spaces. The project is envisaged in this continuity while linking with the town of Grand-Saconnex. The urban form, modelled on a serpentine plan, draws a silhouette with differentiated heights that ensures an opening up of space and guarantees distant views for most of the apartments. It helps to highlight two figures of public space: the square and the park. The square is made up of a succession of interlocking atmospheres connected by the existing "maison des médecins" building. As an extension of the existing park of the Délices, the linear park offers a promenade crossing the entire length of the project perimeter. The urban form favours continuous and dual-aspect typologies, with corner loggias to allow the light to penetrate deeply. The homogenous tectonic register of architectural expression aims to define an urban ensemble.

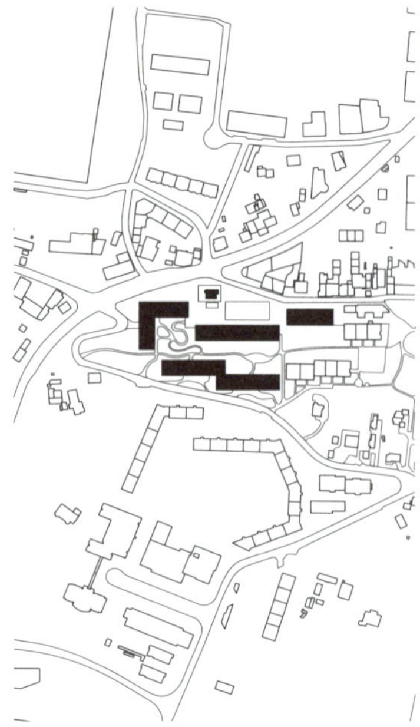

Laufendes Projekt: 2019–
Zweistufiger, offener Wettbewerb: 2016, Siegerentwurf
Bauherrschaft: Gemeinde Grand-Saconnex, Swiss Life REIM
Bauingenieur: Thomas Jundt Ing.s civils
Landschaftsarchitektur: Hager Partner

Current project: 2019–
Two-stage open competition: 2016, 1st Prize
Clients: City of Grand-Saconnex, Swiss Life REIM
Civil engineer: Thomas Jundt ingénieurs
Landscape architect: Hager Partner

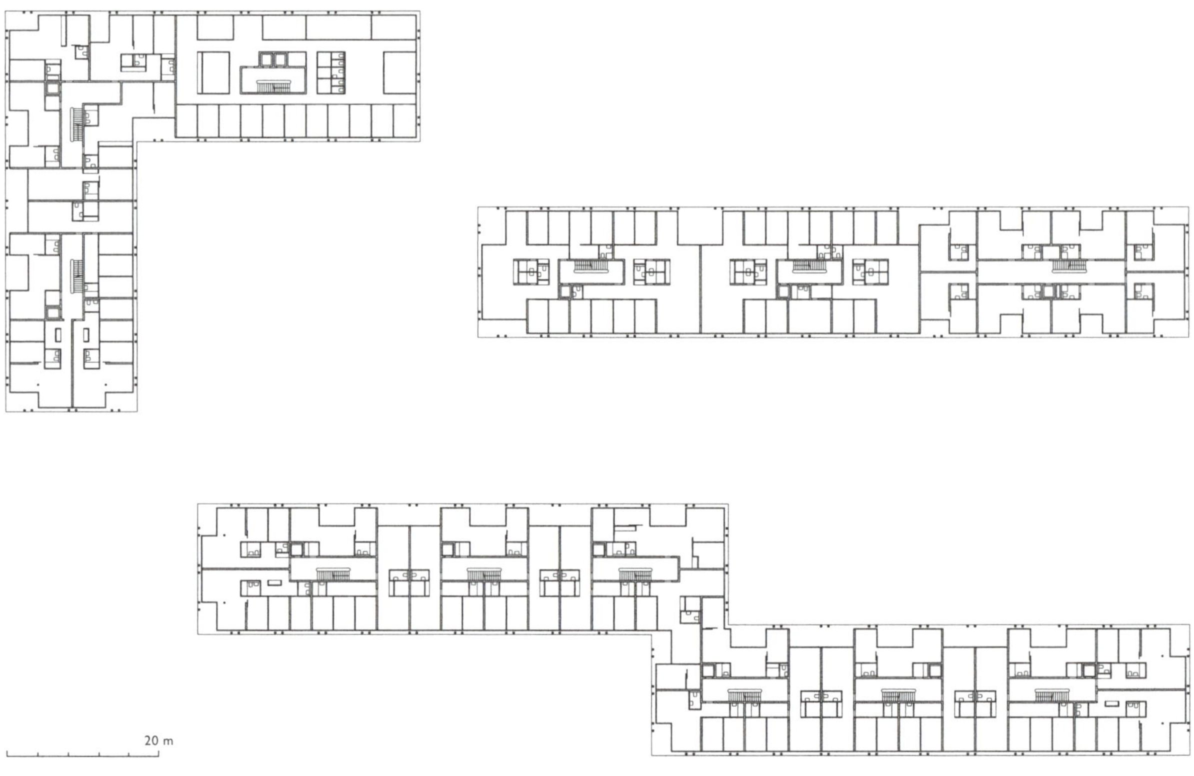
20 m

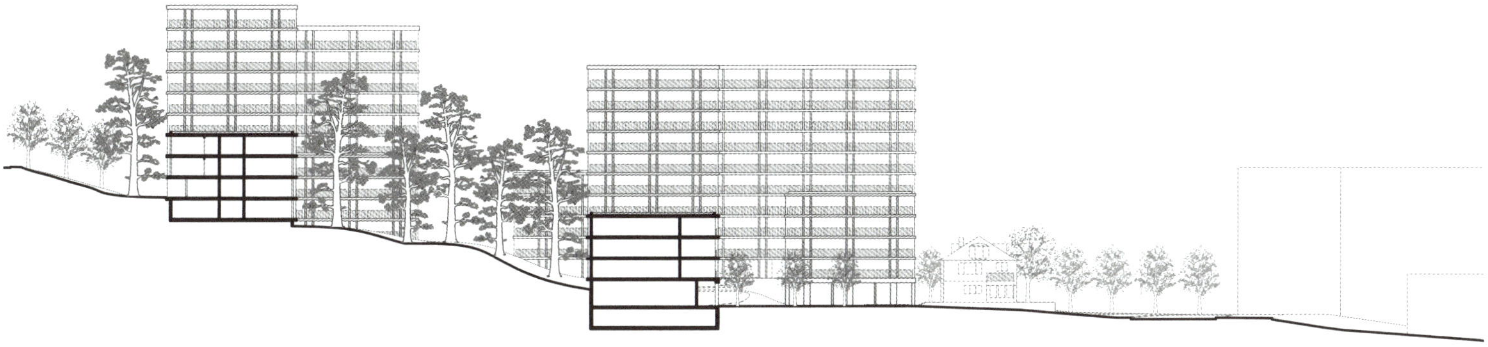

COMMUNAUX D'AMBILLY, THÔNEX

Der Entwicklungsplan der Gemeinde Communaux d'Ambilly besteht aus fünf städtischen Sektoren rund um eine zentrale Promenade, wobei jeder Abschnitt – auf Basis eines allgemeinen Schemas von Vollformen und Freiflächen – unabhängig gestaltet wird. Die Sektoren präsentieren sich als dichte Gebäudeensembles, die durch grosse Grünflächen getrennt sind. Der Sektor A5 schliesst dieses System im Nordosten ab. Seine Morphologie ist als Reaktion auf die unmittelbare Umgebung zu verstehen: eine städtische Front zur Promenade hin; Öffnungen zur Landschaft in Richtung Le Môle und Petit-Salève; Schutz zu den Strassenachsen hin. Das städtische Gepräge zeigt sich auf der Promenadenseite wesentlich homogener und kontinuierlicher, aufseiten der Einzelhäuser hingegen fragmentierter. Die Baukörper erzeugen auf Basis dreier Raumfiguren, die jeweils drei Massstäben entsprechen, kollektive Räume: einen Hauptplatz, Höfe im Gebäudemassstab sowie Zugangsstrassen. Hiermit wird eine angemessene Vielfalt geboten, wie bei einem eigenständigen Stadtteil. Die unterschiedlich hohen Gebäude bilden eine Skyline aus, die von der Mehrzahl der Wohnungen aus einen Ausblick auf die weite Landschaft sowie reichlich Sonnenlicht auf den Aussenflächen ermöglicht. In der vierten Etage eines jeden Gebäudes verbindet ein an Smithsons Konzept «Street in the Air» gemahnender Weg die unterschiedlichen Verteilertreppenhäuser mit den Ruhe- und Entspannungszonen, die der Bewohnerschaft vorbehalten sind.

The development of Communaux d'Ambilly consists of five urban sections around a central mall, each of the sections being developed independently based on a general pattern of solids and voids. The sections are presented as dense ensembles separated by large portions of green spaces. Section A5 closes the system to the north-east. Its morphology is designed to match the surrounding context, with an urban front on the mall side, openings on the landscape towards the Môle and Petit-Salève, and a shield along the traffic arteries. The urban grain is larger and more continuous on the mall side and more fragmented on the villa side. The buildings create collective spaces based on three spatial figures corresponding respectively to three scales: a main square, courtyards on a domestic scale and streets running off, so as to offer a diversity that can be used, like a piece of the city in its own right. With three sizes, the buildings form a skyline with differentiated heights, affording views of the large landscape to most of the apartments and abundant solar gains to the outdoor spaces. On the 4th floor of all the buildings, a street reminiscent of Smithson's concept "Street in the Air" connects the various distribution shafts to the relaxation areas designed for the residents.

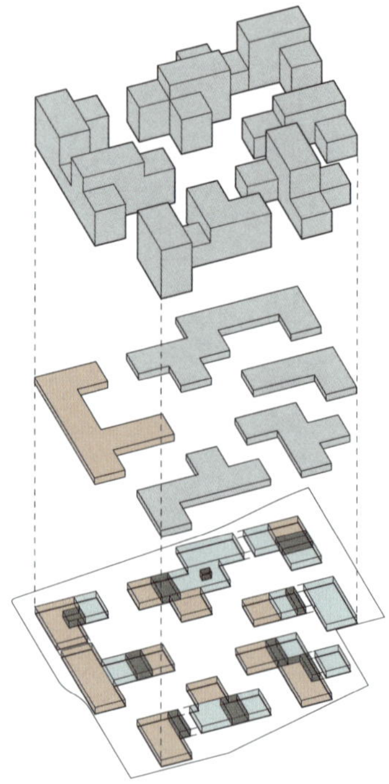

Laufendes Projekt: 2020–
Zweistufiger, offener Wettbewerb: 2017–2018, Siegerentwurf für Sektor A5
Bauherrschaft: Kanton Genf, vertreten durch Fondation pour la Promotion du Logement bon Marché et de l'Habitat Coopératif (FPLC), Gemeinde Thônex, Consortium CASE (Codha, Les Ailes, SCHS und Équilibre), Fondation HBM Emma Kammacher
Bauingenieur: ingegneri pedrazzini guidotti
Landschaftsarchitektur: Hager Partner

Project: 2020–
Two-stage open competition: 2017–2018, 1st Prize for Section A5
Clients: Canton of Geneva represented by FPLC, Municipality of Thônex, Consortium CASE (Codha, Les Ailes, SCHS and Équilibre), Fondation HBM Emma Kammacher
Civil engineer: ingegneri pedrazzini guidotti
Landscape architect: Hager Partner

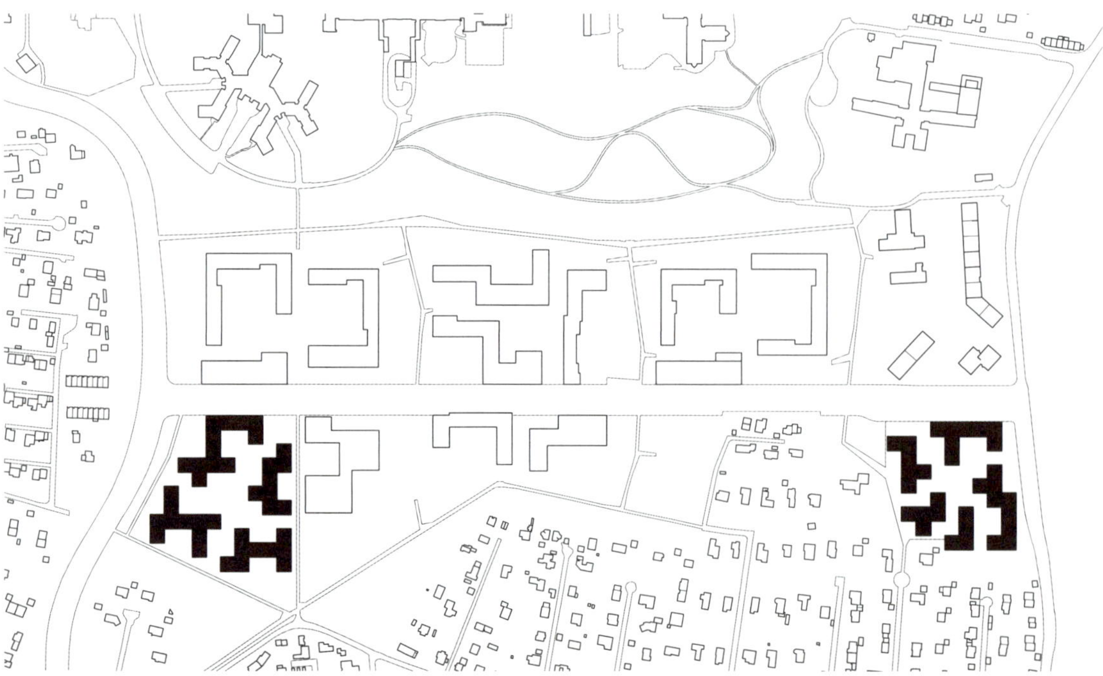

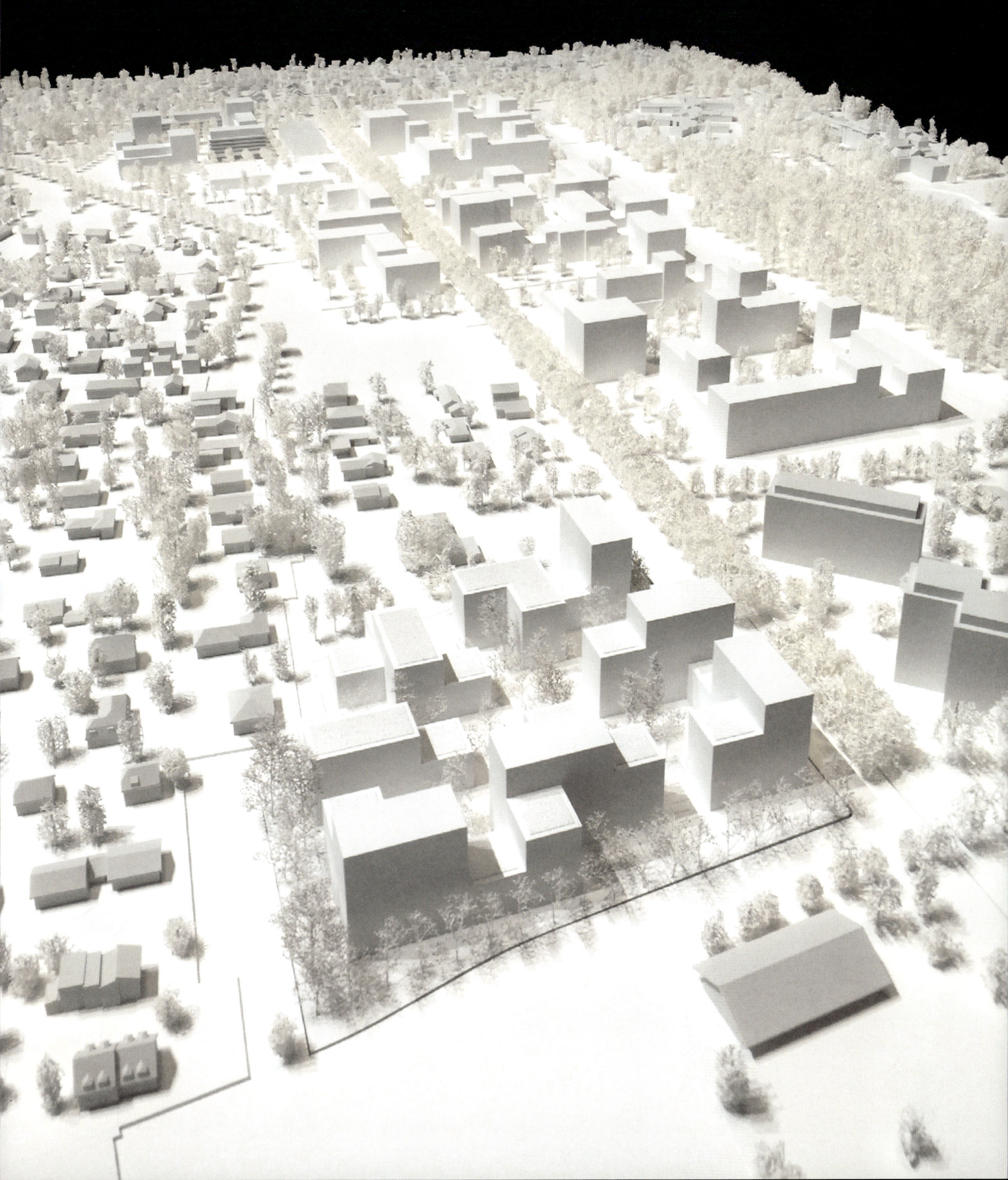

group8 – das ist die Geschichte einer Gruppe junger Architekten, die sich Anfang des Jahres 2000 einen Arbeitsraum im Industriegebiet des Viertels Les Acacias teilen. Jeder von ihnen hat dort seine eigene Firma, geht seiner eigenen Tätigkeit nach. Ihre gemeinsamen Arbeitsmittel? Die Kaffeemaschine und der Kopierer. Adrien Besson, Tarramo Broennimann, Manuel der Hagopian, Grégoire Du Pasquier, Eric Grant, Christophe Pidoux, Claude-Alain Van Osselt und Daniel Zamarbide beschliessen damals, ihre Kräfte zu bündeln. Sie tun sich unter dem Namen group8 zusammen. Die im Rahmen ihrer Zusammenarbeit entwickelten Ideen weisen – genau wie beim Berner Büro Atelier 5 – keine individuelle Handschrift auf. Die Mehrzahl von ihnen hat sich an der École polytechnique fédérale in Lausanne oder am Architekturinstitut der Universität Genf kennengelernt. Eric Grant und Claude-Alain Van Osselt verlassen später das Kollektiv, Laurent Ammeter, François de Marignac und Oscar Frisk kommen als neue Mitglieder hinzu.

Das wesentliche gemeinsame Merkmal, das in den Entwürfen der Gruppe zum Ausdruck kommt, ist die scharfsinnige Beobachtung des Kontextes. 2003 gewinnt group8 zwei wichtige Wettbewerbe: jenen zur Maison verte, einem Gebäude, das die Büros des kantonalen Umweltamtes von Genf in sich vereint; sowie jenen für den ausgelagerten Erweiterungsbau der Welthandelsorganisation (WTO). Diese beiden Projekte resultieren aus der Arbeit in den ersten drei Jahren nach Gründung des Büros und verhelfen group8 zu erstem Erfolg. Der erste Entwurf wird leider niemals realisiert, doch stellt er hinsichtlich der Entwurfsmethodik und -strategie die Weichen für die Zukunft. Das zweite Projekt kann erst neun Jahre später fertiggestellt werden.

Während dieser Zeit realisiert das Büro Wohnbauten und diverse Bauvorhaben im Rahmen des Genfer Zentrums für internationale Zusammenarbeit. Zermürbt von der damals in Genf herrschenden Langsamkeit und Unbeweglichkeit, gründet group8 im Jahr 2007 unter dem Namen group8asia eine Zweigniederlassung in Hanoi, Vietnam (sowie in Singapur), um in den asiatischen Regionen Projekte zu entwickeln. 2009 widmet die Züricher Zeitschrift *Hochparterre* dem Wirken des Büros ein ganzes Heft. 2010 übersiedelt das Büro in eine Halle im Industriegebiet von Châtelaine, wo sich zuvor mit den Räumlichkeiten von Weetamix die Hochburg der Genfer Nächte elektronischer Musik befand. Die neue Geschäftsadresse wird nach den Vorstellungen von group8 vollständig neu organisiert und renoviert. Dafür werden in einem weitläufigen, freien Raum – *Cargo* genannt – zur Abtrennung von Kompartimenten Container aufgestapelt. 2011 verlässt Daniel Zamarbide group8, um mit Léopold Banchini ein eigenes Büro zu gründen. Im Jahr 2012 werden die Mitglieder von group8 in den Bund Schweizer Architekten aufgenommen. 2014 stellt sich das Kollektiv neu auf und beendet seine Aktivitäten im asiatischen Raum. Die Zweigniederlassung group8asia mit Sitz in Hanoi und Singapur wird an Manuel der Hagopian und Grégoire Du Pasquier verkauft und in G8A umbenannt. Im selben Jahr scheiden François de Marignac, Christophe Pidoux und Oscar Frisk aus dem Büro aus und gründen ihre eigene Gesellschaft: FDMP.

group8 is the story of a group of young architects who shared a workspace in the Les Acacias industrial park early in the year 2000, each working in their own field under their own company name. They did, however, share essential infrastructure: a coffee machine and a printer. Adrien Besson, Tarramo Broennimann, Manuel der Hagopian, Grégoire Du Pasquier, Eric Grant, Christophe Pidoux, Claude-Alain Van Osselt and Daniel Zamarbide then decided to combine forces under the name group8, a collaborative team in which ideas would be developed without any one name attached, like the Bern-based practice Atelier 5. Most of the group8 members knew each other from the École polytechnique fédérale de Lausanne (EPFL) or the Architecture Institute of the University of Geneva (IAUG). Eric Grant and Claude-Alain Van Osselt then left the collective and Laurent Ammeter, François de Marignac and Oscar Frisk joined as new members. The main common feature of the group's projects is a close reading of the context. In 2003, group8 won two important competitions, for a *Maison verte* or "green house", a building housing the environmental services of Geneva's local government, and an off-site extension of the World Trade Organization (WTO). These two projects were the result of the first three years of work and paved the way for the collective to establish itself as a practice. While the first of the two projects did not advance to the construction phase, it was precedent-setting in terms of project methodology and strategy. The second project was completed nine years later.

During this time, the practice worked on housing and internationally-orientated projects in Geneva. Owing to the lack of impetus and dynamism in Geneva at that time, group8 moved in 2007 to found group8asia, a branch in Hanoi, Vietnam (and in Singapore) that would develop Asian projects. In 2009, the Zurich magazine *Hochparterre* devoted an entire issue to the practice's work. In 2010, group8 moved into a space in the former premises of Weetamix, a mecca for Geneva electronic music, on the Châtelaine industrial park. The new premises have been completely redesigned and renovated in keeping with the group's design philosophy. Workspaces are structured by means of a stack of containers arranged in a vast open space, simply known as Cargo.

In 2011, Daniel Zamarbide left group8 to set up his own practice with Léopold Banchini. In 2012, the members of group8 became members of the Federation of Swiss Architects (BSA-FAS). In 2014, the collective ended its work in Asia as part of comprehensive restructuring. The group8asia branch, by this time based in both Hanoi and Singapore, was sold to Manuel der Hagopian and Grégoire Du Pasquier, and took the name of G8A Architecture & Urban Planning. In the same year, François de Marignac, Christophe Pidoux and Oscar Frisk left the collective to found their new company, FDMP.

2015 zieht group8 nach Carouge in ein ehemaliges Fotoatelier im ehemaligen Industriegebiet von Grosselin um. Es befindet sich im Sektor PAV-Praille, nur ein paar Schritte von den Türmen von Carouge und der «sardischen Stadt» entfernt.

2016 widmet die französische Zeitschrift *Archistorm* den Aktivitäten des Büros ein monografisches Heft. Damit bietet sich die Gelegenheit, erstmals eine Retrospektive über das Wirken der Gruppe zu präsentieren, deren Mitglieder regelmässig zu Vorträgen in der Schweiz und in Frankreich eingeladen werden und an Architekturausstellungen teilnehmen. Neben Wohnbau-, Krippen- und Schulbauprojekten widmen sie sich Stadtbauprojekten grösseren Massstabs. Am Bahnhof von Chêne-Bourg realisieren sie zwei Wohngebäude, die den öffentlichen Raum in Verbindung mit dem Netz des Léman-Express schliessen. In der Nähe des Flughafens entwickeln sie den Bebauungsplan für ein Segment von 800 Metern Länge entlang der Autobahn. In Grand-Saconnex entwerfen sie einen Wohnbaukomplex, der auf eine Ortserweiterung abzielt und einen öffentlichen, dem Ballungsraum massstäblich angemessenen Platz bietet. Und in Thônex planen sie ein Quartierteilgebiet mit fünf untereinander verbundenen Gebäuden, die im Rahmen der Stadtteilentwicklung Communaux d'Ambilly für öffentliche Stiftungen und Wohnungsgenossenschaften vorgesehen sind. Auch in dieser Grössenordnung verfolgen und manifestieren die Projekte das seit der Gründung von group8 bestehende Anliegen, die Charakteristika des jeweiligen Umfelds zu stärken und die Identität des Ortes zu betonen.

In 2015, group8 moved to Carouge, near Geneva. The collective set up shop in what had been a photography studio in the former industrial zone of Grosselin, which lies within the PAV-Praille district, a stone's throw away from the Carouge Towers and the "Sardinian" district. In 2016, the French magazine *Archistorm* dedicated a monograph to the collective. This was group8's first opportunity to present a retrospective of its work to date and consolidate the reputation enjoyed by its members, who frequently participate in architectural exhibitions and are regularly invited to lecture in both Switzerland and France.

In addition to projects in the fields of housing, day-care and schools, the practice is also involved in larger-scale urban projects. At the Chêne-Bourg railway station, group8 is in charge of two residential buildings which will complete a public space connected to the Léman Express network. Near Geneva Airport, the collective is preparing an urban development plan for an 800m-long site along the motorway. In Grand-Saconnex, group8 is designing a housing complex that aims to extend the existing urban fabric and provide a public square in keeping with its urban scale. Finally, the collective is planning a section of the district of Thônex comprising five articulated buildings that will create an urban space for the Communaux d'Ambilly, to accommodate public foundations and housing cooperatives. These larger-scale projects also express and assert the same commitments that group8 has sustained since its founding: they strengthen the lines of force emanating from the context and affirm the unique identity of each place.

WERKVERZEICHNIS
Auswahl Bauten, Projekte und Wettbewerbe

2003		Wettbewerb «Maison verte» – Umweltamt des Kantons Genf, Genf (zusammen mit acau); 1. Preis
		Wettbewerb Ausgelagerter Erweiterungsbau der Welthandelsorganisation (WTO), Genf; 1. Preis
2004		Wettbewerb Rathaus, Montreux VD; 3. Preis
		Studienauftrag Gebiet des CEVA-Bahnhofs (SOVACB), Chêne-Bourg GE
2005		Wettbewerb Erweiterung Weltnaturschutzunion (UICN), Gland VD; Finalist
		Studienauftrag Entwicklung des ehemaligen Geländes des Schweizer Infrastrukturunternehmens Services Industriels de Genève (SIG), La Jonction GE
2006		Wettbewerb Wohngebäude der Genossenschaft CODHA, Les Grottes, Genf; 1. Preis
		Studienauftrag Arc-en-ciel-Areal, Bussigny-Renens VD
		Studienauftrag Bahnhofsgelände, Villeneuve VD
		Modernisierung Inneneinrichtung Internationales Konferenzzentrum in Genf (CICG), Genf
2007		Wettbewerb Sozialwohnungsbau mit Inneinrichtung, Perly GE; 4. Preis
2008	1	Wettbewerb Schweizer Pavillon der Weltausstellung 2010, Shanghai, China; 2. Preis
		Volieren im Naherholungsgebiet Bois-de-la-Bâtie, Genf
		Wettbewerb «New Andermatt», Luxusvillenviertel, Andermatt UR; 1. Preis
		Maisons rouges und Maisons blanches, Crans-près-Céligny VD, Genf
		Parallelstudie «Urban Picturesque», Thônex GE
2009		Wettbewerb Verwaltungssitz des Tabakkonzerns Japan Tobacco International (zusammen mit mit Skidmore, Owings & Merrill (SOM)), Genf; 1. Preis
		Wettbewerb Drei Wohnbauten, Troinex GE; 1. Preis
2010		Wettbewerb Verwaltungsgebäude Global Fund, Grand-Saconnex GE; 2. Preis
	2	Cargo – Umbau einer Industriehalle zu Büros unter Zuhilfenahme von Containern, ehemalige Räumlichkeiten der group8 in Châtelaine, Vernier GE
2011		Maison Corail und Résidence Bambou, Genf
		Logistikhalle Internationales Komitee des Roten Kreuzes (IKRK), Satigny (Wettbewerb 2008, 1. Preis)
		Wettbewerb Wohnungen und öffentliche Esplanade – «Fondamenta», Vandœuvres GE; 2. Preis
		GRU-Stern – Stadtkulisse für das Theater Le Grütli, Genf (zusammen mit Federal Studio)
		Masterplan Quartier La Chapelle-Les Sciers, Plan-les-Ouates GE (Studienauftrag 2009, 1. Preis)
2012		Parallelstudienauftrag Surville-Türme, Lancy GE; 1. Preis
	3	Sanierung und Erweiterung Centre William-Rappard der Welthandelsorganisation (WTO), Genf (Wettbewerb 2003, 1. Preis)
	4	«Striped living» – zwei Wohnbauten, Crans-près-Céligny VD
	5	Gebäudeaufstockung «Wood in the sky», Genf
		Wettbewerb Zwei Wohnbauten in La Praille – Bereich PAV-Grosselin, Carouge GE; 5. Preis
		Zwei Wohnbauten, Bellevue GE (Wettbewerb 2006, 1. Preis)
		Wohnhaus, Avenue de France, Genf (Wettbewerb 2003, 2. Preis mit Zuschlag)
2013		Joran-Gebäude, Coupe Gordon-Bennett, Vernier GE (Wettbewerb 2007, 3. Preis mit Zuschlag)
		Projekt «Vision 20XX» und Hotel, Palexpo, Grand-Saconnex GE
	6	Wohnhaus Lola, Pont-Rouge, Lancy GE
		Wettbewerb Gebäude Montréal für den Ökumenischen Rat der Kirchen, Grand-Saconnex GE; 2. Preis ex-aequo mit Zuschlag
		Wettbewerb Maison des Fondateurs – Erweiterung und Umstrukturierung des Musée Audemars Piguet, Le Brassus VD; Finalist
2014		Humanitarium, Genf (Wettbewerb 2009, 1. Preis)
	7	Wettbewerb Wohnbauten, Geschäfts- und Schulflächen im Quartier de la Concorde, Sektor L, Vernier GE; 2. Preis
	8	Wettbewerb Université de Fribourg – Erweiterung des Miséricorde-Areals, Juristische Fakultät, Freiburg; 3. Preis

1

2

3

4

5

6

7

8

LIST OF WORKS

Selection of buildings, projects and competitions

2003		Competition, relocation, environmental services, Canton of Geneva, "Maison verte", in collaboration with acau, Geneva; 1st Prize
		Competition, relocated extension of the World Trade Organisation (WTO), Geneva; 1st Prize
2004		Competition, Town Hall, Montreux; 3rd Prize
		Parallel study contract, grounds of the CEVA Chêne-Bourg (SOVACB) station, Chêne-Bourg
2005		Competition, extension, International Union for Conservation of Nature (IUCN), Gland; finalist
		Parallel study contract, development of the former Geneva Industrial Services (SIG) land at the junction, Geneva
2006		Competition, CODHA cooperative residential building, Les Grottes, Geneva; 1st Prize
		Parallel study contract, Arc-en-ciel sector, Bussigny-Renens
		Parallel study contract, Villeneuve, Vaud railway station sector
		Interior design renewal, International Conference Centre of Geneva (CICG), Geneva
2007		Competition, social housing with facilities, Perly; 4th Prize
2008	1	Competition, Swiss Pavilion at the Expo 2010, Shanghai, China; 2nd Prize
		New aviary, Bois-de-la-Bâtie, Geneva
		"New Andermatt" competition, luxury villa district, Andermatt; 1st Prize
		Design, "Maisons rouges" and "Maisons blanches", Crans-près-Céligny
		Design, Twin house, two semi-detached houses, Geneva
		Parallel study contract, "Urban Picturesque", Communaux d'Ambilly, Thônex
2009		Competition, headquarters of Japan Tobacco International, in collaboration with Skidmore, Owings & Merrill (SOM), Geneva; 1st Prize
		Competition, three residential buildings, Troinex; 1st Prize
2010		Competition, Global Fund administrative building, Grand-Saconnex; 2nd Prize
	2	Cargo project, conversion of an industrial hall into offices using containers, former group8 premises, Châtelaine
2011		Design, Coral house and Bamboo residence
		ICRC logistics hall, Satigny (competition in 2008, 1st Prize)
		Competition, housing development and public esplanade "Fondamenta", Vandœuvres; 2nd Prize
		GRU-Stern, urban scenography for the Théâtre du Grütli in collaboration with Federal Studio, Geneva
		Local zoning plan for the district of la Chapelle-Les Sciers, Plan-les-Ouates (parallel study contract in 2009, 1st Prize)
2012		Parallel study contract for two administrative buildings in Parc Surville, Lancy; 1st Prize
	3	Renovation and extension, William-Rappard Centre, World Trade Organisation (WTO), Geneva (competition in 2003, 1st Prize)
	4	Two residential buildings "Striped living", Crans-près-Céligny
	5	Building heightening "Wood in the sky", Geneva
		Competition, two residential buildings, La Praille; PAV-Grosselin sector, Carouge; 5th Prize
		Two residential buildings, Bellevue (competition in 2006, 1st Prize)
		Avenue de France building, Geneva (competition in 2003, 2nd Prize with contract)
2013		Construction of the Joran building, Coupe Gordon-Bennett district, Vernier (competition in 2007, 3rd Prize with contract)
		"Vision 20XX" project and hotel, Palexpo, Grand-Saconnex
	6	Lola apartment building in Pont-Rouge, Lancy
		Competition, mixed neighbourhood with housing, offices and hotel, World Council of Churches "Mundus Novus", Grand-Saconnex; 2nd Prize ex-aequo with contract
		Competition, Founders' House, enlargement and redeployment of the Audemars Piguet Museum, Le Brassus; finalist
2014		Humanitarium, International Committee of the Red Cross (ICRC) and the International Museum of the Red Cross and Red Crescent (MICR), Geneva (competition in 2009, 1st Prize)
	7	Competition for the completion of housing, business premises and school complex in the Concorde district, sector L, Vernier; 2nd Prize
2014	8	Competition, University of Fribourg, extension of the Miséricorde site, Faculty of Law, Fribourg; 3rd Prize

2014		Neugestaltung der Räumlichkeiten von Audemars Piguet, Le Brassus VD
	9	Energetische Sanierung Palais des Nations der Vereinten Nationen (UNO), Genf
2015		Wettbewerb Erweiterung der Hochschule für Gesundheit, Genf; 1. Preis
		Kinderkrippe Origami, Genf
		Wettbewerb Neugestaltung der öffentlichen Räume des Einkaufszentrums Balexert, Vernier GE; 2. Preis
	10	Wettbewerb Erweiterung der Unithèque, Bibliothek von Dorigny, Lausanne VD; 5. Preis
		«Le Voyageur» – Musée itinérant et éphémère, Museum für moderne und zeitgenössische Kunst (Gestaltung zusammen mit dem Künstler Fabrice Gygi), Kanton Genf
		Städtebauliches Leitbild Grands Esserts, Veyrier GE
	11	Entwurf für die Geschäftsflächen des Flughafens in Meyrin GE (laufendes Projekt)
		Umbau der Büros von group8, La Praille, Carouge GE
2016	12	Wettbewerb Campus «Olmsted», Hochschule für Gesundheitsberufe, Chavannes-près-Renens VD; 2. Preis
		Studienauftrag Bahnhofsplateau, Estavayer-le-Lac FR; Finalist
		Detaillierter Flächennutzungsplan Bahnhofsplateau, Bulle FR (Studienauftrag 2014, 1. Preis)
		Wettbewerb Carantec – Wohnungen, Geschäfte, öffentlicher Platz und kommunale Ausstattung, Grand-Saconnex GE; 1. Preis
2017		Hotel, Palexpo, Grand-Saconnex GE
	13	Wettbewerb Trainingshalle, Dreifachsporthalle und Kampfsporthalle, Magglingen BE; 7. Preis
2018		Turm C1, Meyrin GE (Parallelstudienauftrag 2013, 1. Preis)
		Gebäude GA der EPFL, Écublens VD (Wettbewerb 2015, 1. Preis)
		Wettbewerb Wohnungen auf den Grundstücken A4 und A5 der Communaux d'Ambilly, Thônex GE; Siegerentwurf für Sektor A5
	14	Wettbewerb Schulgebäude auf dem Kasernengelände Les Vernets, Genf; 6. Preis
	15	Wettbewerb Wohnbauten und Aussenanlagen für die Genossenschaft CODHA – SOCOOP, Genf; 4. Preis
		Studienauftrag Malley-Gare – Wohnungen, Büros, Klinik, Hotel und Restaurants, Renens-Prilly VD; Finalist
2019		Astragaloi-Gebäude, Genf (Wettbewerb 2012, 1. Preis)
		Studienauftrag Place Perdtemps, Nyon VD; Finalist
		Bird, Vernier GE
Laufende Projekte		Gebäude Saphir und Tourmaline, Chêne-Bourg (Wettbewerb 2014, 1. Preis)
		Gebäude Montréal für den Ökumenischen Rat der Kirchen, Grand-Saconnex (Wettbewerb 2013, 2. Rang mit Zuschlag)

9

10

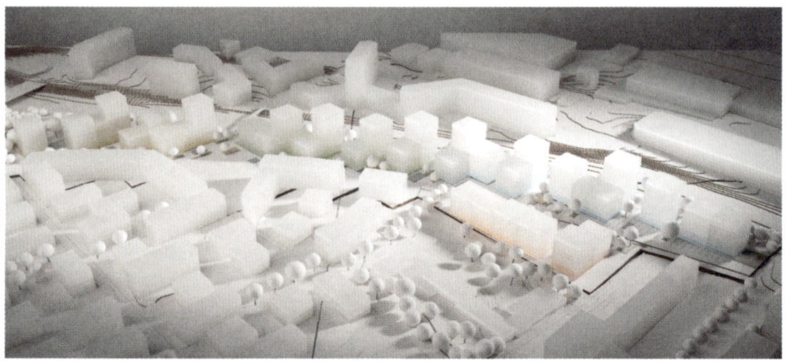

11

2014		Redevelopment, Audemars Piguet Salons, Le Brassus
	9	Improved energy efficiency, Palais des Nations in Geneva, United Nations (UN), Geneva
2015		Competition, Geneva University of Healthcare extension, Geneva; 1st Prize
		Origami day care, Sécheron district, Geneva
		Competition, Balexert shopping mall, public areas redevelopment, Vernier; 2nd Prize
	10	Competition, Unithèque extension, Dorigny library, Lausanne; 5th Prize
		Design, itinerant and ephemeral museum "Le Voyageur" for Mamco, design in collaboration with the artist Fabrice Gygi, Canton of Geneva
		Masterplan for urban development of Grands Esserts, Veyrier
	11	Project, airport area administrative district, Meyrin (in progress)
		Development, group8 office design in la Praille, Carouge
2016	12	Competition, "Olmsted" Health Campus, Chavannes-près-Renens; 2nd Prize
		Parallel study contract, railway station plateau, Estavayer-le-Lac; finalist
		Detailed development plan (DDP), Bulle station plateau (parallel study contract in 2013, 1st Prize)
		Competition, Place Carantec, housing, activities, public square and communal facilities, Grand-Saconnex; 1st Prize
2017		Hotel at Palexpo, Grand-Saconnex
	13	Competition, training hall, triple sports hall and wrestling hall, Magglingen; 7th Prize
2018		Tower C1, Vergers eco-district, Meyrin (parallel study contract in 2013, 1st Prize)
		GA building, EPFL, Écublens (competition in 2015, 1st Prize)
		Competition, development of housing in the A4 and A5 sectors of the Communaux d'Ambilly, Thônex; winning project for the A5 sector
	14	Competition, school complex on the site of the Vernets barracks, Geneva; 6th Prize
	15	Competition, CODHA – SOCOOP cooperative housing and outdoor facilities, Geneva; 4th Prize
		Parallel study contract, Malley-Gare, with housing, offices, medical clinic, hotel and restaurants, Renens-Prilly; finalist
2019		"Astragaloi" residential building, Geneva (competition in 2012, 1st Prize)
		Parallel study contract, development of the Place Perdtemps, Nyon; finalist
		Conversion, office building "Bird" in Blandonnet, Vernier
Current		Two buildings at the Halte Léman Express in Chêne-Bourg, Saphir and Tourmaline buildings, Chêne-Bourg (competition in 2014, 1st Prize)
		Montreal building, World Council of Churches, Grand-Saconnex (competition in 2013, 2nd rank with contract)

12

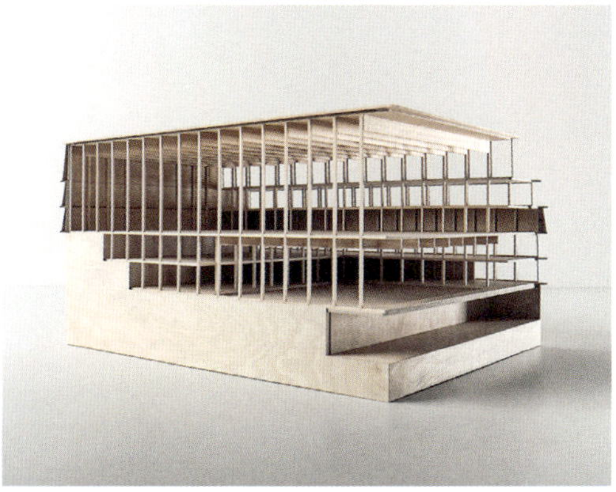
13

14

15

LAURENT AMMETER

1970	Geboren in Lausanne
1985–1992	Architekturdiplom ETS an der École d'ingénieurs, Genf
1992–1995	École polytechnique fédérale de Lausanne (EPFL)
1995–1996	Mitarbeiter bei M+B Zurbuchen-Henz architectes, Lausanne
1997	Baumanagementkurs
1997–1998	Atelier mit Stefan Baumann und Anouk Paltani-Baumann, Lausanne
1998–1999	Tätigkeit als selbstständiger Architekt in Lausanne
2000	Mitbegründer von group8
Seit 2012	Mitglied des Bundes Schweizer Architekten (BSA)
Seit 2014	Mitglied des Schweizerischen Ingenieur- und Architektenvereins (SIA)
Seit 2015	Mitglied der Genfer Architektenvereinigung (Association genevoise d'architectes, AGA)

ADRIEN BESSON

1969	Geboren in Neuenburg
1991	Bauingenieurdiplom ETS an der École d'ingénieurs, Genf
1994–1995	Praktikum bei Pierre Bonnet, Genf
1996	Architekturreisen nach Italien und in die Vereinigten Staaten Preis der Banque Cantonale Vaudoise (BCV), Atelier Jordi Garcès, EPFL
1997	Architekturdiplom an der École polytechnique fédérale de Lausanne (EPFL) bei Jacques Lucan und Tony Fretton
1999–2003	Assistent der Professoren Patrick Berger, Josep Llinas und Jordi Garcès, EPFL
2000	Mitbegründer von group8
Seit 2005	Redakteur und Mitglied des Herausgeberkomitees der Zeitschrift *FACES*
2006	Architekturreise nach Neu-Delhi, Chandigarh und Ahmedabad
2008	Promotion zum Doktor der Wissenschaften an der École doctorale Architecture, Ville et Histoire, EPFL, bei Professor Jacques Lucan
2007–2008	Gastprofessor des Joint-Master-Programms der École d'ingénieurs et d'architectes, Freiburg
2007–2012	Mitbegründer und Mitglied des Komitees von Maison de l'Architecture (MA) in Genf
Seit 2012	Mitglied des Bundes Schweizer Architekten (BSA)
Seit 2018	Mitglied der Stadtplanungskommission, Kanton Genf

TARRAMO BROENNIMANN

1971	Geboren in Sydney, Australien
1997	Architekturdiplom am Institut für Architektur der Universität Genf (IAUG) Praktikum bei Jean-Marc Lamunière, Genf
1999	Praktikum bei Ruch Architekten, St. Moritz
1999–2002	Forschungsassistent zur Erforschung des passiven industriellen und architektonischen Niedrigenergieerbes, Studienzentrum für Energiefragen (Centre universitaire d'étude des problèmes de l'énergie, CUEPE), Universität Genf
2000	Mitbegründer von group8
2002–2006	Assistent im Rahmen des Stadtplanungsstudiengangs am Institut für Architektur der Universität Genf (IAUG), Professor Pierre Feddersen
2005–2010	Mitglied des Herausgeberkomitees der Zeitschrift *FACES*
2006	Studienreise nach Neu-Delhi, Chandigarh und Ahmedabad
2008–2009	Assistent und Herausgeber am Laboratoire de la production d'architecture der EPFL, Professor Harry Gugger
Seit 2012	Mitglied des Bundes Schweizer Architekten (BSA)
2012–2018	Sachverständiger für das öffentliche Kunstprojekt art&tram, Kantonale Kulturabteilung, Kanton Genf
Seit 2014	Mitglied der Architekturkommission für den Kanton Genf
2015–2019	Obmann der Sektion Genf des Bundes Schweizer Architekten
Seit 2017	Mitglied des Stiftungsrats der Fondation pour la promotion des lieux pour la culture émergente (fplce)
2017–2019	Präsident der Architekturkommission

LAURENT AMMETER

1970	Born in Lausanne
1985–1992	Diploma in Architecture (ETS), Geneva School of Engineering
1992–1995	École polytechnique fédérale de Lausanne (EPFL)
1995–1996	Employee at M+B Zurbuchen-Henz architects, Lausanne
1997	Course in Construction Management
1997–1998	Architectural practice in association with Stefan Baumann and Anouk Paltani-Baumann, Lausanne (Switzerland)
1998–1999	Independent architectural practice in Lausanne
2000	Co-founder of group8
Since 2012	Member of the Federation of Swiss Architects (BSA-FAS)
Since 2014	Member of the Swiss Society of Engineers and Architects (SIA)
Since 2015	Member of the Geneva Association of Architects (AGA)

ADRIEN BESSON

1969	Born in Neuchâtel
1991	Degree in Civil Engineering (ETS), Geneva School of Engineering
1994–1995	Internship at Pierre Bonnet architects, Geneva
1996	Architectural tours in Italy and the United States of America
	BCV Prize, Atelier Jordi Garcès, EPFL
1997	Diploma in Architecture, EPFL, with Jacques Lucan and Tony Fretton
1999–2003	Assistant to Professors Patrick Berger, Josep Llinas and Jordi Garcès, EPFL
2000	Co-founder of group8
Since 2005	Editor and editorial board member, *FACES* Magazine
2006	Study tour to New Delhi, Chandigarh and Ahmedabad
2008	Doctorate in Science (PhD) at the Graduate School of Architecture, Urbanism and History, EPFL, with Professor Jacques Lucan
2007–2008	Visiting Professor with the Joint Master's programme, Fribourg School of Engineering and Architecture
2007–2012	Co-founder and committee member of La Maison de l'Architecture, a public non-profit institution for architecture in Geneva
Since 2012	Member of the Federation of Swiss Architects (BSA-FAS)
Since 2018	Member of the Urbanism Commission for the Canton of Geneva

TARRAMO BROENNIMANN

1971	Born in Sydney, Australia
1997	Diploma in Architecture from the Institute of Architecture of the University of Geneva (IAUG)
	Internship at Jean-Marc Lamunière architects, Geneva
1999	Internship at Ruch Architekten, St. Moritz
1999–2002	Research Assistant on industrial heritage and passive and low-energy architecture, University of Geneva Centre for the Study of Energy (CUEPE)
2000	Co-founder of group8
2002–2006	Assistant in the Department of Urban Planning of the IAUG, with Professor Pierre Feddersen
2005–2010	Editorial board member for *FACES* Magazine
2006	Study tour to New Delhi, Chandigarh and Ahmedabad
2008–2009	Assistant and Editor at the Laboratory of Architecture Production, EPFL, with Professor Harry Gugger
Since 2012	Member of the Federation of Swiss Architects (BSA-FAS)
2012–2018	Consulting expert to the art&tram public art project, Canton of Geneva Office of Culture and Sport
Since 2014	Member of the Architectural Commission for the Canton of Geneva
2015–2019	Chairman of the FAS (Geneva Chapter)
Since 2017	Member of the Board, Foundation for the Promotion of Places for Emerging Culture (fplce)
2017–2019	Chairman of the Architectural Commission for the Canton of Geneva

MITARBEITENDE

Aktuell	Partner/Partnerin: Bruno Codeas, Anne Luyet, Grégoire Thomas Architekten/Architektinnen: Bruno Almeida, Lucie Aracil, Guido Brioschi Malinverni, Rémi Claret, Olga Coutureau, Alexandra de La Chapelle, Julie Guichard, Valentin Marmet, Théo Mondésir, Fabrice Osuna, Michel Pernet, David Sauser, Arnaud Thuillard, Clio Yelaldi Praktikanten/Praktikantinnen: Aurélien Duchier, Laura Gorni, Matthias Jammers, Philippe Mourelle Verwaltung: Rachel Barbezat, Isabelle Ketterer
Seit 2014	Camille Abeille, Marta Alonso, Emma Ammeter, Bruno Bandieri, Betty Baud, Clémence Beghini, Laetitia Bode, Emma Bouti, Séverine Bruggmann, Marie Cann, Lucile Chardonnet, Malaïca Cīmenti, Julie Cisterne, Tomàs Clavijo Martinez, Gatien Cordier, Lothaire Creppy, Stéphane De Weck, Grégory dos Santos, Ryan Farinha, Miguel Fernandes, Ana Ferrer Tarolli, Olivier Fleith, Diana Fueyo, Noémie Girardet, Silvia Gonçalves, Teresa Guedes, Cédric Hegelbach, Syma Jirabe, Niovi Kapodistria, Danai Karaiskou, Karel Klomp, Solène Labat, Quentin Lepot, Andrea Lombardo, Jordi Malet Ponsati, Talita Marmol, Adrian Martinez, Damien Mastelli, Héloïse Mathey-Doret dit Doret, Clarisse Mauboussin, Sarrah Meille, Camille Merveille, Judith Mizutani, Anna Moroni, Maud Musil, Anca-Ioana Netcu, Jordan Nigond, Franck Oger, Johanna Onstein, José Osorio, Guillaume Pause, Margaux Piccot, Julien Potignat, Cynthia Pruvost, Mounir Souames, Lili Szabo, Caroline Tripon, Gaël Tuchschmid, Maurits Van Ardenne, Julie Vanbruaene, Ioanna Voutsina

BIBLIOGRAFIE

2004	Ruedi Weidmann: «Group8 – Vers une architecture pop». In: Tec 21, Nr. 43, S. 22–24
2005	Eric Grant: «group8: an architectural factory». In: Hors ligne, Nr. 106 Peter Omachen: «Meister der Synergetik»: In: Neue Zürcher Zeitung, 6. Mai
2006	«12 Häuser für heute und morgen», Beilage zu Hochparterre, Nr. 5
2007	Rahel Marti: «Tourismusresort Andermatt. Wie geht es weiter?» [Wettbewerb «New Andermatt»]. In: Hochparterre, Nr. 5
2008	Alberto Clementi: «Contesto, as found». Biennale du paysage, les Alpes et la montagne
2009	Giampiero Sanguigni: «One approach fits all» [Maisons rouges und Maisons blanches]. In: A10, Nr. 25 Werner Huber: «Die Unbekannten … Senkrechtstarter am Lac Leman». In: Hochparterre, Nr. 5, S. 18–29 «Kräfte Balancieren» [Voliere im Naherholungsgebiet Bois-de-la-Bâtie]. In: Tec 21, Nr. 33/34, S. 31–35
2010	Verena Doerfler: «Natürlich künstlich! group8: Voliere im Genfer Stadtpark Bois-de-la-Bâtie». In: Archithese, Nr. 1, S. 20–23 «group8, aviario, Ginebra» [Voliere im Naherholungsgebiet Bois-de-la-Bâtie]. In: Arquitectura Viva, Nr. 140 «Cargo office in Châtelaine Genève». In: AIT
2011	«Das Korallenzelt». In: Hochparterre, Nr. 5 Christian Schittich (Hrsg.): group8 architect's office in Geneva: work environments. Gianpiero Sanguigni: «Housing estate, Geneva». In: A10, Nr. 40 Gerald Brandstätter: «Facettiertes Logistikzentrum mit Charakter». In: Modulor, Nr. 7 Margaux Darrieus: «group8. Centre logistique Genève». In: AMC, Nr. 209 Yves Dreier: «Hohe Symbolkraft». In: Werk, Bauen + Wohnen, Nr. 11
2012	Nicole Opel / Rafael Kopper: «Logistikkomplex des IKRK in Genf». In: ARCH+, Nr. 205, S. 98–101 Christophe Catsaros: «Le signe et la fonction» [Logistikhalle IKRK]. In: Tracés Viviane Scaramiglia: «Genève internationale. Reflets changeants» [Wohnhaus, Avenue de France]. In: Bâtir Manuel Pestalozzi: «Straff bespannt» [Logistikhalle IKRK]. In: architektur + technik Marc Frochaux: «Den Himmel einfangen» [Bürogebäude, Avenue de France]. In: Werk, Bauen + Wohnen, Nr. 12
2013	Christophe Catsaros: «Hors-série 1: group8». In: Tracés Kathy Xu: «The Avenue de France Administrative Building». In: Architecture & Detail, Nr. 1 Marianne Kürsteiner: «Neutralité – bâtiment logistique du CICR». In: Idea, Nr. 2 Margotte Lamouroux: «group8, 16 logements, Halte-garderie, Crans-près-Céligny, Suisse». In: AMC, Nr. 228 Viviane Scaramiglia: «CICR / MICR, Genève – Intelligente discrétion». In: Bâtir
2014	Aldfredo Zappa: «group8 – due case a Crans-près-Céligny». In: Casabella, Nr. 837 Marianne Kürsteiner: «Le décryptage du site», «Une intervention habile et discrète», «Une architecture pleine d'empathie» [Logistikhalle IKRK]. In: Idea
2015	Frédéric Mialet: «La surélévation, une solution pour créer des logements» [Wood in the sky]. In: AMC, Nr. 23 Jean-Marc Lamunière / Philippe Meier: [Wood in the sky, Voliere im Naherholungsgebiet Bois-de-la-Bâtie, Joran-Gebäude, Quartier de la Coupe Gordon-Bennett & Logistikkomplex des IKRK]. In: L'architecture à Genève XXIe siècle. République et canton de Genève, Office du patrimoine et des sites DALE. Infolio «group8 et Lacaton & Vassal à Chêne-Bourg» [Gebäude Saphir und Tourmaline]. In: Tracés, Nr. 3
2016	group8 (Sonderausgabe). In: Archistorm Christophe Catsaros: «Crèche Origami». In: Tracés, Nr. 10 Marianne Kürsteiner: «Un contrepoint au quartier des multinationales» [Kinderkrippe Origami]. In: Idea, Nr. 5 Marianne Kürsteiner: «Une suite articulée en harmonie avec la nature [Wohnhaus Lola]. In: Idea, Nr. 6
2017	«Logements habillés de travertin ajouré» [Striped Living]. In: AMC, Nr. 258 Francesco Della Casa: «Concours Carantec, Grand-Saconnex». In: Werk, Bauen + Wohnen, Nr. 5 «Les 101 mots du paysage, Collection 101 motss» In: Joëlle Kuntz: Genève internationale, 100 ans d'architecture. Paris Marc Frochaux: «Vers une architecture automatique?» [Urban Picturesque]. In: Tracés, Nr. 21
2018	Marielle Savoyat: «Zwei Krippengebäude in Genf von Lacroix Chessex und group8». In: Werk, Bauen + Wohnen, Nr. 1/2
2019	Marcel Bächtiger: «Jupiters Blitze». In: hochparterre.wettbewerbe Enrico Garbin: «Origami kindergarden and pre-school». In: Arketipo [Kinderkrippe Origami]. In: Caruso St John Architects / Javier Mozas / Aurora Fernández Per: The Office on the Grass, the evolution of the workplace. Vitoria Gasteiz Marianne Kürsteiner: «En dialogue avec son environnement» [Hotel, Palexpo]. In: Idea, Nr. 3 «Surélévation ‹Wood in the sky›, Rue Daubin, Genève». In: Bulletin bois, Nr. 131 Marianne Kürsteiner: «L'EPFL accueille les enfants». In: Idea, Nr. 5
2020	[Cargo]. In: Cargo. Container Atlas a practical guide container architecture. Köln «Der Auftakt der Agglomeration». In: Hochparterre, Nr. 6/7 «Panorama» [Astragaloi-Gebäude]. In: Archistorm, Nr. 103

EMPLOYEES

Current

Associates: Bruno Codeas, Anne Luyet, Grégoire Thomas
Architects: Bruno Almeida, Lucie Aracil, Guido Brioschi Malinverni, Rémi Claret, Olga Coutureau, Alexandra de La Chapelle, Julie Guichard, Valentin Marmet, Théo Mondésir, Fabrice Osuna, Michel Pernet, David Sauser, Arnaud Thuillard, Clio Yelaldi
Interns: Aurélien Duchier, Laura Gorni, Matthias Jammers, Philippe Mourelle
Administration: Rachel Barbezat, Isabelle Ketterer

Since 2014:

Camille Abeille, Marta Alonso, Emma Ammeter, Bruno Bandieri, Betty Baud, Clémence Beghini, Laetitia Bode, Emma Bouti, Séverine Bruggmann, Marie Cann, Lucile Chardonnet, Malaïca Cimenti, Julie Cisterne, Tomàs Clavijo Martinez, Gatien Cordier, Lothaire Creppy, Stéphane De Weck, Grégory dos Santos, Ryan Farinha, Miguel Fernandes, Ana Ferrer Tarolli, Olivier Fleith, Diana Fueyo, Noémie Girardet, Silvia Gonçalves, Teresa Guedes, Cédric Hegelbach, Syma Jirabe, Niovi Kapodistria, Danai Karaiskou, Karel Klomp, Solène Labat, Quentin Lepot, Andrea Lombardo, Jordi Malet Ponsati, Talita Marmol, Adrian Martinez, Damien Mastelli, Héloïse Mathey-Doret dit Doret, Clarisse Mauboussin, Sarrah Meille, Camille Merveille, Judith Mizutani, Anna Moroni, Maud Musil, Anca-Ioana Netcu, Jordan Nigond, Franck Oger, Johanna Onstein, Guillaume Pause, Margaux Piccot, Julien Potignat, Cynthia Pruvost, José Reyes Osorio, Mounir Souames, Lili Szabo, Caroline Tripon, Maurits Van Ardenne, Julie Vanbruaene, Ioanna Voutsina

BIBLIOGRAPHY

2004 Ruedi Weidmann: "Group8 – Vers une architecture pop", *Tec 21* no. 43, p. 22–24
2005 Eric Grant: "group8: an architectural factory", *Hors Ligne* no. 106
Peter Omachen: "Meister der Synergetik", *Neue Zürcher Zeitung* (6. May)
2006 "12 Häuser für heute und morgen", *hochparterre* supplement, no. 5
2007 Rahel Marti: "Tourismusresort Andermatt, wie geht es weiter?" [New Andermatt], *hochparterre* no. 5
2008 Alberto Clementi, "Contesto, as found", Biennale of Landscape, Alps and Mountains
2009 Giampiero Sanguigni: "One approach fits all" ["Maisons rouges" and "Maisons blanches"], *A10* no. 25
Werner Huber: "Die Unbekannten ... Senkrechtstarter am Lac Leman", *hochparterre* no. 5, p. 18–29
"Kräfte Balancieren" [Aviary in Geneva City Park Bois-de-la-Bâtie], *Tec 21* no. 33/34, p. 31–35
2010 Verena Doerfler: "Natürlich künstlich!" [Aviary in Geneva City Park Bois-de-la-Bâtie], *Archithese* no. 1, p. 20–23
"group8, aviario, Ginebra" [Aviary in Geneva City Park Bois-de-la-Bâtie], *Arquitectura Viva* no. 140
"Cargo office in Châtelaine Geneva", *AIT*
2011 "Das Korallenzelt", *hochparterre* no. 5
Christian Schittich (ed.), group8 architect's office in Geneva, work environments, *Détail*
Gianpiero Sanguigni: "Housing estate, Geneva", *A10* no. 40
Gerald Brandstätter: "Facettiertes Logistikzentrum mit Charakter" [ICRC logistics building], *Modulor* no. 7
Margaux Darrieus: "group8, Centre logistique Genève" [ICRC logistics building], *AMC* no. 209
Yves Dreier, "Hohe Symbolkraft", *Werk, Bauen + Wohnen* no. 11
2012 Nicole Opel, Rafael Kopper: "Logistikkomplex des IKRK in Genf" [ICRC logistics building], *ARCH+* no. 205, p. 98–101
Christophe Catsaros: "Le signe et la fonction" [ICRC logistics building], *Tracés*
Viviane Scaramiglia: "Genève internationale. Reflets changeants" [Avenue de France building], *Bâtir*
Manuel Pestalozzi: "Straff bespannt" [ICRC logistics building, Geneva], *architektur + technik*
Marc Frochaux: "Den Himmel einfangen", *Werk, Bauen + Wohnen* no. 12, werk-material 06.05/606
2013 Christophe Catsaros: "Hors-série 1, group", *Tracés*
Kathy Xu: "The Avenue of France Administrative Building", *Architecture & Detail* no.1
Marianne Kürsteiner, "Neutralité, bâtiment logistique du CICR" [ICRC logistics building], *Idea* no. 2
Margotte Lamouroux: "group8, 16 logements, Halte-garderie, Crans-près-Céligny, Suisse", *AMC* no. 228
Viviane Scaramiglia: "CICR / MICR, Genève – Intelligente discrétion" [ICRC logistics building], *Bâtir*
2014 Aldfredo Zappa: "group8 – due case a Crans-près-Céligny", *Casabella* no. 837
Marianne Kürsteiner, "Le décryptage du site", "Une intervention habile et discrète" and "Une architecture pleine d'empathie" [ICRC logistics building], *Idea* no. 6
2015 Frédéric Mialet, "La surélévation, une solution pour créer des logements" [Wood in the sky], *AMC* no. 239
Jean-Marc Lamunière and Philippe Meier: "L'architecture à Genève XXIe siècle" [Wood in the sky, Aviary in Geneva City Park Bois-de-la-Bâtie, Joran building, Coupe Gordon-Bennett district and ICRC logistics building], Republic and Canton of Geneva, Office of Heritage and Sites, DALE, *Infolio*
"group8 et Lacaton & Vassal à Chêne-Bourg" [Saphir and Tourmaline buildings], *Tracés* no. 3
2016 Special edition group8, *Archistorm*
Christophe Catsaros: "Crèche Origami" [Origami Crèche], *Tracés* no. 10
Marianne Kürsteiner: "Un contrepoint au quartier des multinationales" [Origami Crèche], *Idea* no. 5
Marianne Kürsteiner, "Une suite articulée en harmonie avec la nature" [Lola apartment building], *Idea* no. 6
2017 "Logements habillés de travertin ajouré" [Striped Living], *AMC* no. 258
Francesco Della Casa, [Carantec Competition, Grand-Saconnex], *Werk, Bauen + Wohnen* no. 5
"Les 101 mots du paysage", Collection 101 mots. In: Joëlle Kuntz, *Genève internationale, 100 ans d'architecture*, Paris
Marc Frochaux, "Vers une architecture automatique ?" [Urban Picturesque], *Tracés* no. 21
2018 Marielle Savoyat, "Zwei Krippengebäude in Genf von Lacroix Chessex und group8", *Werk, Bauen + Wohnen* no. 1-2
2019 Marcel Bächtiger: "Jupiters Blitze", *hochparterre.wettbewerbe*
Enrico Garbin: "Origami nursery and pre-school", Arketipo
Caruso St John Architects, Javier Mozas, Aurora Fernández Per: *The Office on the Grass, the evolution of the workplace* [Origami Crèche], Vitoria Gasteiz
Marianne Kürsteiner: "En dialogue avec son environnement" [Hotel at Palexpo], *Idea* no. 3
"Surélévation 'Wood in the sky', Rue Daubin, Genève", *Bulletin wood* no. 131, *Lignum*
Marianne Kürsteiner: "L'EPFL accueille les enfants", *Idea* no. 5
2020 "Cargo", Container Atlas a practical guide container architecture, Cologne
"Der Auftakt der Agglomeration", *hochparterre* no. 6–7
"Panorama" [Astragaloi], *Archistorm* no. 103

AUSSTELLUNGEN

2014	Nicola Regusci und Xavier Bustos: *Building Geneva: Projects versus Challenges*, Cities Connection Project
2015	Architektur 0.15, *être un oiseau*, MAAG Halle, Zürich
2016	Christiane Nill & Lionel Henriod: *Let's Play*, Battery Park
	Schweizweit, S AM Schweizerisches Architekturmuseum
2017	*for now or forever Swiss Pavilions*, Pavillon Le Corbusier, Zürich

CHRISTOPHE CATSAROS (TEXTBEITRAG)

1973	Geboren in Lorient, Frankreich
1998–2003	Philosphiestudium, Université Nanterre, Paris
2003–2004	Kurator, Museum für zeitgenössische Kunst Witte de With, Rotterdam (heute: Kunstinstituut Melly)
2011–2018	Chefredakteur Zeitschrift *Tracés*
	Lehrauftrag École supérieure d'art Cambrai (ESAC)
2018	Gründung Kulturprojekt Écrans Urbains, Cinémathèque suisse (mittlerweile im Architekturzentrum arc en rêve, Bordeaux)
2019	Gründung von *612*, der Schweizer Ausgabe der Zeitschrift *Archistorm* (zusammen mit Yves Dreier)
	Gründung von *Archizoom Papers*, einer Beilage der Zeitschrift *Archizoom*
Seit 2020	Leitendes Redaktionsmitglied von *Les cahiers de l'Ibois*, einer neuen Zeitschrift des Laboratoriums der EPFL
	Regelmässig Beiträge in den Zeitschriften *artpress*, *Volume* und *L'Architecture d'Aujourd'hui*

BRUNO MARCHAND (TEXTBEITRAG)

1955	Geboren in Porto
1980	Architekturdiplom, École polytechnique fédérale de Lausanne (EPFL)
1991–2000	Partner im Büro von Jean-Marc Lamunière, Georges van Bogaert, Bruno Marchand und Mitarbeitenden
1992	Promotion zum Doktor der Wissenschaften, EPFL
1993–1997	Assistenzprofessor, EPFL
1995	Gastprofessor an der École nationale supérieure d'architecture, Nantes
1996–2004	Stellvertretender Leiter der Regionalplanungsabteilung des Kantons Waadt
1997–2006	Ausserordentlicher Professor für Architekturtheorie, EPFL
1999	Leiter des Laboratoire de Théorie et d'Histoire de l'Architecture 2 (LTH2), EPFL
2001–2014	Partner im Büro DeLaMa (neben Patrick Devanthéry und Inès Lamunière)
2006	Direktor Architekturinstitut der Fakultät Environnement Naturel, Architectural et Construit (ENAC), EPFL
Seit 2006	Ordentlicher Professor für Architekturtheorie, EPFL
Seit 2014	Freiberufliche Tätigkeit, Studien im Bereich der Regional- und Stadtplanung

EXHIBITIONS

2014	Nicola Regusci and Xavier Bustos, "Building Geneva: Projects versus Challenges", Cities Connection Project
2015	Architektur 0.15, "being a bird", MAAG Halle, Zurich
2016	Christiane Nill & Lionel Henriod, "Battery Park", Let's Play
	S AM Schweizerisches Architekturmuseum, "Schweizweit", Basel
2017	"for now or forever Swiss Pavilions", Pavillon Le Corbusier Zurich

CHRISTOPHE CATSAROS (ARTICLE)

1973	Born in Lorient, France
1998–2003	Studies in Philosophy, Université Nanterre, Paris
2003–2004	Curator at the Witte de With Centre for Contemporary Art, Rotterdam (today: Kunstinstituut Melly)
2011–2018	Editor-in-Chief of the magazine *Tracés*
	Teaching at the École supérieure d'art et de communication (ESAC), Cambrai
2018	Launch of Écrans Urbains at the Swiss Film Archive, a cycle on the crossroads between cinema and architecture that continues today at arc en rêve, in Bordeaux
2019	Creation of 612 (with Yves Dreier), Swiss edition of the magazine *Archistorm*, then with Cyril Veillon, of *Archizoom Papers*, a travelling digital magazine attached to *Archizoom*
	Co-editor of Les cahiers de l'Ibois, a new journal from the EPFL laboratory
	He is a regular contributor to the magazines *artpress*, *Volume* and *L'Architecture d'Aujourd'hui*

BRUNO MARCHAND (ARTICLE)

1955	Born in Porto, Portugal
1980	Diploma in Architecture, École polytechnique fédérale de Lausanne (EPFL)
1991–2000	Partner in the office Jean-Marc Lamunière, Georges van Bogaert, Bruno Marchand and associates
1992	Doctorate in Science, EPFL
1993–1997	Assistant Professor, EPFL
1995	Visiting Professor at the École nationale supérieure d'architecture de Nantes
1996–2004	Deputy Director of the Department of Town and Country Planning of the Canton of Vaud
1997–2006	Extraordinary Professor of Theory of Architecture, EPFL
1999	Director of the Laboratory of Theory and History of Architecture 2 (LTH2), EPFL
2001–2014	Partner at the DeLaMa office with Patrick Devanthéry and Inès Lamunière
2006	Director of the Institute of Architecture of the Faculty of ENAC, EPFL
2006–	Ordinary Professor of Architecture Theory, EPFL
2014–	Independent work, preparation of studies in the field of regional and town planning

FINANZIELLE UND IDEELLE UNTERSTÜTZUNG

Ein besonderer Dank gilt den Institutionen und Sponsorfirmen, deren finanzielle Unterstützungen wesentlich zum Entstehen dieser Buchreihe beitragen. Ihr kulturelles Engagement ermöglicht ein fruchtbares und freundschaftliches Zusammenwirken von Baukultur und Bauwirtschaft.

FINANCIAL AND CONCEPTUAL SUPPORT

Special thanks to our sponsors and institutions whose financial support has helped us so much with the production of this series of books. Their cultural commitment is a valuable contribution to fruitful and cordial collaboration between the culture and economics of architecture.

Schweizerische Eidgenossenschaft
Confédération suisse
Confederazione Svizzera
Confederaziun svizra

Eidgenössisches Departement des Innern EDI
Bundesamt für Kultur BAK

prohelvetia

REPUBLIQUE ET CANTON DE GENEVE
POST TENEBRAS LUX

AVEC LE SOUTIEN DE LA VILLE DE GENÈVE

AAB Atelier Acoustique du Bâtiment
AAB - J. Stryjenski & H. Monti SA, Carouge/Genève

edms
edms sa, Petit-Lancy

PRELCO
PRELCO Préfabrication d'éléments de construction SA, Satigny

B+S ingénieurs conseils SA
B+S ingénieurs conseils SA, Genève

Implenia
Implenia Suisse SA, Onex

STEPHAN FRIBOURG
STEPHAN SA, Fribourg

CMA Constructeurs Métalliques Associés
CMA Constructeurs Métalliques Associés SA, Matran

INGENI INGENIERIE STRUCTURALE
Ingeni SA

WIDER Maison fondée en 1948
Wider SA Genève, Satigny

CODHA COOPÉRATIVE DE L'HABITAT ASSOCIATIF
CODHA, coopérative de l'habitat associatif, Genève

NORBA MENUISERIE www.norba.ch
NORBA GE SA, Plan-les-Ouates

thomas jundt ingénieurs civils
thomas jundt ingénieurs civils SA, Carouge

Construction Perret SA
Construction Perret SA, Satigny

PERRETEN ET MILLERET
Perreten et Milleret SA, Carouge/Genève

MENUISERIE · EBENISTERIE · AGENCEMENT Xyloforme SA
Xyloforme SA, Petit-Lancy

group8
92. Band der Reihe De aedibus
Herausgeber: Heinz Wirz, Luzern
Konzept: Heinz Wirz; group8, Carouge
Projektleitung: Quart Verlag, Linus Wirz
Textbeiträge: Christophe Catsaros, Lausanne;
Bruno Marchand, Lausanne
Übersetzung Französisch–Deutsch: Dr. Eva Dewes, Saarbrücken
Textlektorat Deutsch: Miriam Seifert-Waibel, Hamburg
Übersetzung Französisch–Englisch: Brett Petzer, Amsterdam;
Beate Ummenhofer, Language Service, Wien (Projektbeschriebe)
Textlektorat Englisch: Benjamin Liebelt, Berlin
Fotos: Dgbp David Gagnebin-de Bons & Benoît Pointet,
Freiburg S. 30, 40 (oben); David Gagnebin-de Bons S. 16–17, 39,
40 (unten), 41, 60, 61, 70, 71, 72, 73; Régis Golay, federal-studio.com,
Genf/Zürich S. 18–19, 22–25, 26–29, 31, 32, 35, 37 (oben), 44, 45, 47;
Walter Mair, Basel S. 34, 36, 37 (unten), 62, 63; Seraina Wirz,
Zürich S. 56–59; group8 S. 65, 89, 91; Adrien Besson, Genf S. 80
Visualisierungen: Thomas Sponti, Genf S. 67–69, 76–79, 80, 84,
86, 87; group8 S. 83
Grafische Umsetzung: Quart Verlag
Lithos: Printeria, Luzern
Druck: Printer Trento S.R.L., Trento I

ISBN 978-3-03761-220-0

Ebenfalls publiziert in Französisch/Englisch: ISBN 978-3-03761-244-6

**group8
Volume 92 of the series De aedibus
Edited by: Heinz Wirz, Lucerne
Concept: Heinz Wirz; group8, Carouge
Project management: Quart Verlag, Linus Wirz
Articles by: Christophe Catsaros, Lausanne;
Bruno Marchand, Lausanne
French–German translation: Dr. Eva Dewes, Saarbrücken
German text editing: Miriam Seifert-Waibel, Hamburg
French–English translation: Brett Petzer, Amsterdam;
Beate Ummenhofer, Language Service, Vienna (project
descriptions)
English text editing: Benjamin Liebelt, Berlin
Photos: Dgbp David Gagnebin-de Bons & Benoît Pointet,
Fribourg p. 30, 40 (top); David Gagnebin-de Bons p. 16–17,
39, 40 (bottom), 41, 60, 61, 70, 71, 72, 73; Régis Golay,
federal-studio.com, Geneva/Zurich p. 18–19, 22–25, 26–29,
31, 32, 35, 37 (top), 44, 45, 47; Walter Mair, Basel p. 34, 36,
37 (bottom), 62, 63; Seraina Wirz, Zurich p. 56–59;
group8 p. 65, 89, 91; Adrien Besson, Geneva p. 80
Graphics: Thomas Sponti, Geneva p. 67–69, 76–79, 80, 84,
86, 87; group8 p. 83
Graphic design: Quart Verlag
Lithos: Printeria, Lucerne
Printing: Printer Trento S.R.L., Trento I**

ISBN 978-3-03761-220-0

Also published in French/English: ISBN 978-3-03761-244-6

Quart Verlag GmbH
Denkmalstrasse 2, CH-6006 Luzern
books@quart.ch, www.quart.ch

De aedibus
Zeitgenössische Architekten und ihre Bauten

De aedibus
Contemporary architects and their buildings

92 group8 (de/en, fr/en)
91 MPH (de/en, fr/en)
90 Spillmann Echsle (de/en)
89 Andy Senn (de/en)
88 Architetti Tibiletti Associati (de/en)
87 Zach + Zünd (de/en)
86 Kistler Vogt (de/en)
85 Sylla Widmann (de/en, fr/en)
84 Aebi & Vincent Architekten (de/en)
83 Baumberger & Stegmeier (de/en)
82 L-architectes (de/en, de/fr)
81 Frei Rezakhanlou (de/en)
80 weberbrunner (de/en)
79 Meyer Piattini (de/en)
78 meier + associés architectes (de/en, de/fr)
77 Lin Robbe Seiler (de/en, de/fr)
76 Meier Leder (de/en)
75 Butikofer de Oliveira Vernay (de/en)
74 Elisabeth & Martin Boesch (de/en)
73 spaceshop Architekten (de/en)
72 Kast Kaeppeli (de/en)
71 Philippe Meyer (de/en, fr)
70 bartbuchhofer (de/en)
69 Hauenstein La Roche Schedler (de/en)
68 Graeme Mann & Patricia Capua Mann (de/en)
67 Esposito Javet (de/en, de/fr)
66 Galletti Matter (de/en, de/fr)
65 Fruehauf, Henry & Viladoms (de/en)
64 Jakob Steib (de/en)
63 bunq (de/en)
62 Jean-Paul Jaccaud (de/en, de/fr)
61 huggenbergerfries (de/en)
60 Berrel Berrel Kräutler (de/en)
59 Pierre-Alain Dupraz (de/en, de/fr)
58 Cometti Truffer (de/en)
57 Joos & Mathys (de/en)
56 Lacroix Chessex (de/en)
55 Savioz Fabrizzi (de/en, de/fr)
54 Boegli Kramp (de/en)
53 Zita Cotti (de/en)
52 Oestreich + Schmid (de/en)
51 Stump & Schibli Architekten (de/en)
50 Luca Gazzaniga (de/en)
49 Guignard & Saner (de/en)
48 Morger + Dettli (de/en)
47 Charles Pictet (de/en)
46 Armando Ruinelli + Partner (de/en/it)
45 Luca Selva Architekten (de/en)
44 Luca Deon (de/en)
43 2b (de/en)
42 Durisch + Nolli (de/en)
41 sabarchitekten (de/en)
40 Beat Rothen (de/en)
39 Atelier Bonnet (de/en)
38 Novaron (de/en)
37 Althammer Hochuli (de/en)
36 Schneider & Schneider (de/en)
35 Frei & Ehrensperger (de und en)
34 Liechti Graf Zumsteg (de/en)
33 Adrian Streich (de/en)
32 Daniele Marques (de/en)
31 Neff Neumann (de/en)
30 Giraudi Wettstein (de/en)
29 Steinmann & Schmid (de/en)
28 Matthias Ackermann (de/en)
27 Aeby & Perneger (de/en)
26 Bakker & Blanc (de/en)
25 Markus Wespi Jérôme de Meuron (de/en)
24 Bauart (de/en, de/fr)
23 Knapkiewicz & Fickert (de/en)
22 Marcel Ferrier (de/en)
21 Wild Bär Architekten (de/en)
20 Enzmann + Fischer (de/en)
19 Mierta und Kurt Lazzarini (de/en)
18 Rolf Mühlethaler (de/en)
17 Pablo Horváth (de/en)
16 Brauen + Wälchli (de/en)
15 E2A Eckert Eckert Architekten (de/en)
14 Lussi + Halter (de/en)
13 Philipp Brühwiler (de/en)
12 Scheitlin – Syfrig + Partner (de/en)
11 Vittorio Magnago Lampugnani (de/en)
10 Bonnard Woeffray (de/en und de/fr)
9 Graber Pulver (de/en)
8 Burkhalter Sumi / Makiol Wiederkehr (de/en)
7 Gigon/Guyer (de und en)
6 Andrea Bassi (de, fr und en)
5 Dieter Jüngling und Andreas Hagmann (de und en)
4 Beat Consoni (de und en)
3 Max Bosshard & Christoph Luchsinger (de)
2 Miroslav Šik (de, en und it)
1 Valentin Bearth & Andrea Deplazes (de, en und it)